KB124276

오순한의

「갈매기」 연출노트

오순한의
「갈매기」 연출노트

발행일 2019년 1월 20일 초판 1쇄

지은이 오순한
발행인 고영래
발행처 (주)도서출판 미래사

주소 서울시 마포구 신수로 60, 2층
전화 (02)773-5680
팩스 (02)773-5685
이메일 miraebooks@daum.net
등록 1995년 6월 17일(제2016-000084호)

ISBN 978-89-7087-116-5 13680

이 도서는 한국출판문화산업진흥원의 출판콘텐츠 창작 자금 지원 사업의 일환으로
국민체육진흥기금을 지원받아 제작되었습니다.

* 가격은 뒤표지에 있습니다.
* 잘못 만들어진 책은 구입처에서 바꾸어 드립니다.

오순한의

「갈매기」 연출노트

일곱 개의
연기(Play) 기술 장착

오순한 지음

미래___H

____차례

2부 연습(리허설)

일러두기

이 책에 인용된 대사는 극장 '오' 떼아뜨르'에서 올린 공연 번역본 「갈매기」에서 발췌했다. 그리고 예문으로 쓰는 대사 중에 쓰이는 (사이)는 원래 희곡에 있는 것이고, /사이/는 내가 개인적 용어로 쓰는 것이다. 착오가 없어야겠다.

연출가의 창조만큼 덧없는 것도 없다.

— 네미로비치- 단첸코

네미로비치-단첸코의 말처럼 연출가의 작업은 덧없기도 하지만 참으로 혹독하다. 이 책에도 분명 그 혹독함이 배어 있을 것이다. 지난 30년 동안 연출가가 되려고 기를 쓰고 찾아낸 나의 작업 도구들을 내가 어떻게 한국 배우들과의 작업에 적용했는지, 그 과정을 기록한 책이기 때문이다. 불편(?)한 내용은 뺀다고 뺐는데, 느껴지지 않는다면 좋은 일이고 느껴진다면 불감청고소원(不敢請固所願), 무시하고 취할 것만 취하기를.

작가나 시인이 되려 했다가 재능 없음을 알고 방황하다가 뭔가가 되긴 되야겠다 싶어서 연출가가 되겠다고 결심했는데, 내가 이 방면으로 재능이 있다고 생각해서 결정한 것은 아니었다. 생존을 하려면 뭔가를 해야 했다. 스물다섯이면 스스로 제 앞가림해야 하는 나이기 때문에 깊이 생각할 여유가 없었다. 배우에게 필요한 재능은 절대적이라고 생각하면서도, 연출가에게 필요한 재능에 대해서는 그렇게 크게 생각하지 않았다. 허둥대다가 치명적인 오해를 했다. 연출도 작가 이상으로 재능이 필요한 영역이라는 것은 공부를 시작하고서야 알게 됐다. 그 치명적인 오해로, 그러니까 재능이 없기 때문에 내가 치러야 했던 대가는 평생의 공부였다.

그래서 나는 내 재능을 대신해줄 수 있는, 그러니까 연출가의 작업 도구에 대해 구체적이면서도 명료하게 알려주는 책이 정말, 너무, 간절하게 필요했다. 하지만 그런 책이 있을 리가 있겠는가. 피터 브룩(Peter Brook)의 일련의 책들은 연출가로서의 창조적인 방향과 태도를 알려주긴 했지만, 정작 배우들과 만나는 방법을 배울 수 없었다. 그런 의미에서 그로토프스키(Jerzy Grotowski)도 마찬가지였다. 연출가들이 배우들과 만나서 어떻게 작업을 하는지 구체적인 방법을 배우고 싶은 갈증으로 뒤늦게 학교를 갔지만 거기서도 연출 기술을 배우지는 못했다. 그저 연극을 만드는 워크숍 과정의 일원으로서 시간을 소비했을 뿐이다. 그래서 스물아홉에 무턱대고 러시아로 갔다. 다행히 배우는 그 과정 자체가 구체적이고 명료했다. 그 덕분에 유학생활의 모든 혹독함을 견딜 수 있었다.

나 같은 경우가 있지 않을까? 아니 그렇지 않은 경우라도 연출도 재능만으로 되지는 않는다. 대체로 재능을 과신하고 연출가의 길을 선택한다고 해도 결국은 기술이 필요한 순간과 맞닥뜨린다. 반드시 기술 책이 필요해진다. 그래도 다행히 지금은 연출 기술을 배울 책이 아주 없는 것은 아니다. 번역된 외국 연출가의 책도 여러 권이다. 그러나 우리와 다른 상황에서 그들 배우들과의 작업으로 도출된 결론이다. 물론 한국 연출가가 쓴 책도 있다. 그런데 결론이 그야말로 너무 추상적인 '론'이다.

현재 가장 실제적인 책은 데클란 도넬란(Declan Donnellan)의 『배우와 목표점(The Actor and the Target)』이다. 그런데 그 책도 역시 한계는 있다. 배우가 부딪치는 문제들을 해결해주는 데 있어서는 구체적이고 탁월하지만 데클란 도넬란이 연출가로서 영국의 배우들과 어떻게 작업하는지, 그 기술을 구체적으로 알려주지는 않는다. 우리에게 필요한 것은 그 기술이다. 우리에게는 우리의 작업에서 얻어진 결과로서 그 '과정'을 드러내줄 책을 필요하다고 생각했다. 이 책에 굳이 의미부여를 한다면 그렇다. 이 책이 앞으로 올 연출가들의 도구가 될지, 배우들의 기술 책이 될지는 그들의 선택이다. 누가 선택을 하든, 「갈매기」라는 작품을 하면서 연출가가 배우들에게 제안한 모든 기술들을 기록했다.

작품 선택은 필연이었다. 러시아에서 공부하면서 그 누구도 안톤 체홉을 빗겨갈 수는 없다. 나 역시 마찬가지다. 특히 「갈매기」 회임은 피할 수가 없었다. 한국에서 개인이 자체 제작을 하는 일이 거의 불가능한 일인 것을 알면서도 낳아야만 했다. 노산이라 산고를 겪어야만 했나? 아니면 영원한 경계인이라서 힘들었나? 후회하지 않고 후회할 수도 없으나 정말 다시 겪고 싶지는 않다. 그러나 이 책을 쓰면서 그 시간이 있었음이 고마울 정도로 가벼워졌다. 100 -1= 0. 예술가의 작업이 그렇다. 내가 지금 남기는 이 결과 또한 딱 힘들었던 만큼, 더도 덜도 아닌 이 책에서 드러나는 만큼이다.

안톤 체홉의 「갈매기」. 정확하게 1997년 여름 <미하일 체홉 국제 워크숍> 니나의 독백 연습으로 회임. 그 후 20년 뒤 산고 끝에 출산. 2017년 6월 29일 막이 올랐다. 7월 23일까지 매일 이야기를 듣게 되었다. 꼬스챠의 이야기, 니나의 이야기, 뜨리고린의 이야기, 아르까지나의 이야기, 마샤의 이야기, 메드베젠꼬의 이야기, 소린의 이야기, 도른의 이야기, 뽈리나의 이야기, 샤므라예프의 이야기. 듣는 것만으로도 좋지만, 그들을 통해서 지금 여기 이 세상에 살아가고 있는 다른 그들을 생각해볼 수 있는 재미도 쏠쏠하다. 세 시간 남짓, 그들 주인공들에게 관객으로 온 사람들로 바뀌 입혀보면서, 관객들에게 작가가 생각한 주인공들 옷을 입히고, 새로운 걸음을 걷게 하고, 그러면서 관객으로 노는 즐거움을 만끽하면서, 새삼 독자로, 관객으로 사는 것이 가장 좋다는 생각을 하면서.

첫 공연이 올라간 날, 공연을 보면서 내 마음처럼 너덜너덜해진 대본 한쪽에 써놓은 글이다. 그리고 한 열흘쯤 관객으로서 매일, 그들의 놀이를 통해, 입을 통해 이야기를 듣는 일은 그나마 위로였다. 그러면서 연습 때 해보지 못한 것들을 상상으로 채워 넣었다. 그건 근사한 일이었다. 안톤 체홉의 「갈매기」를 읽는다는 것만도 엄청난 경험인데, 읽는다는 것을 넘어서 「갈매기」의 주인공들을 무대로 불러내는 일을 한다는 것은 정말 어마어마한 일이라는 것을 느낀다. 아, 그런데 하물며 배우 입장으로 주인공이 된다는 것은 얼마나 엄청난 일인가.

연극사를 읽지 않아도 적어도 배우라면, 안톤 체홉이 20세기 사실주의 희곡의 선두에 있는 작가이고, 그의 4대 장막 희곡은 모두 이미 고전의 반열에 올라있다는 사실을 알고 있을 것이다. 고전을 고전이게 하는 조건은 시공을 초월해서, '인간과 인간의 삶, 인생의 본질을 담고 있는가?'이다. 작가의 의도가 '인생과 행복, 그리고 일과 사랑과 삶의 가치에 대해' 말한 것이라는 내 해석이 맞다면, 안톤 체홉의 작품이 '고전'이 되는 이유가 바로 완벽하게 '인간과 인간의 삶, 인생의 본질'을 담고 있기 때문이다.

「갈매기」와 같은 고전의 반열에 오른 작품을, 작가가 전하고 싶었던 메시지를 제대로 관객에게 전하려면 배우 연기의 완성도가 특히 요구되는데, 나에게 주어진 상황은 현실적으로 대단히 열악했다. 실제적인 연습 시간은 두 달도 채 안 됐다. 두 달이라는 연습 시간은 온전하게 작품의 본질을 드러내는 데 터무니없이 부족한 시간이다. 원작의 본질을 충실하게 드러내는 완성도 있는 공연을 올렸을 리는 없다. 더구나 몇몇 배역의 배우들은 늦게 참여해서 고작 한 달여 시간밖에 연습하지 못했다. 그 간극을 메우기 위해

고군분투했지만, 뜨리고린이 한번도 자신이 쓴 글에 만족할 수 없었던 것처럼, 나 역시 공연에 대해서 만족할 수가 없다. 아니 보다 근본적인 문제에 있어서 나는 아무것도 바꿀 수 없었다.

21세기, 전 세계적으로 연기 방법론이 더는 진화하지 않는 정체 상태일 정도로 충분히 탐구된 상태다. 이미 연극이 발달한 나라든, 이제 막 시작하고 있는 지역이든, 어느 곳에서든 그 모든 방법들이 국가적·지역적 특성에 맞게, 유기적이면서 종합적으로 적용되고 실천되고 있다. 그런데 한국에서는 거의 그러한 실천이 이루어지지 않고 있다. 대학로 소극장의 수가 2백여 곳이라는데, 우리 배우들은 완고하게 정체 상태로 아니 더 뒤로 퇴보하고 있다.

어쩌면 오랜 침묵을 깨고 연극 연출을 다시 시작할 때 또 사람관계에 실패 할 것이라는 사실을 알고 있었던 것 같다. 아니 분명히 알고 있었다. "水深(수심)은 可知(가지)이나 人心(인심)은 難知(난지)라"라 하여, '열 길 물속은 알아도 한 길밖에 되지 않는 사람 속은 모른다'고 가르쳐주니까. 그 지혜를 모르지 않는다. 내가 9년 동안 연극을 하지 않았던 이유이기도 하니까. 그럼에도 불구하고 나는 왜 실패를 거듭하면서 그렇게 무모하게 또 사람에게 넘어가서 연극을 했을까? 그 이유도 같다. 열 길 물속은 알아도 한 길밖에 되지 않는 사람 속은 모르니까. "그러나 모든 고귀한 것은 힘들 뿐만 아니라 드물다"고 했던 스피노자의 말처럼, 드물게라도 단 몇 사람이라도 있을 것이고, 그들이 자신들의 재능을 꽃피우는데 필요할 것이므로 무겁고 무서운 회의 속에서도 내 뼈를 일으켜 세워 다시 또 쓴다.

마음이 무겁다. 그럼에도 불구하고 정말 허심탄회(虛心坦懷)하게 쓴다. 얼굴을 마주보고 이야기해도 보이지 않는데 글로 마음을 표현할 수 있는 언어를 찾아내기가 쉬운 일은 아니다. 자본주의 사회에서 배우와 배우 사이에 생겨나는 차이, 그리고 그 차이에 의해서 생겨나는 상품가치로서의 차이에 대해서 정말 마음속을 열고 말하고자 한다.

우리의 사회적 환경은 자본주의이다. 오늘 우리의 현실에서는 오직 '속도'와 '이익'만을 목표로 하는 자본주의 생리로 인해서 온전하게 작품성을 드러내는 것이 불가능해졌다. 그 어떤 배역을 해도 시간에 쫓겨서 역 창조에까지 이르기는커녕 제대로 연기를 해보기도 힘든 상황이 됐다. 배우에게 연극은 영화나 TV 드라마로 가기 위한 징검다리가 되어버린 지도 오래다.

연출가에게도 상황은 마찬가지다. 이제 고전은 거의 국립극장이나 시립극장, 혹은 예술의 전당과 같은 관에 속한 곳에서만 올라간다. 적어도 연극 현장에서 달리 건너갈 곳이 없는 나에게는 그렇다. 한 달 연습을 요구하는 자본주의 사회에서 고전의 작품성과 예술성을 살려내는 창조적인 작업을 한다는 것은 불가능하다. 미국의 연출가 마이클 블룸은 자신의 책 『연출가처럼 생각하기』 부록에 5주 연습 과정을 연습 일정 표본으로 실었다. 그런데 내가 아는 한 세계적인 연출가들도 5주 만에 연극 한 편을 올린다는 것은 쉬운 일이 아니다. 자칫 그것이 젊은 연출가들에게 생각 없이 수용된다면 연극의 질은 계속해서 내리막길이다. 이제 혹독하고 덧없어도 나 자신에게 삶의 목표이기도 했던 연출가로서 작업은 덧없는 일이 아니라 더는 지속할 수가 없는 '자기 파괴적인 이상'이 되었다.

최근 드라마 촬영 현장의 열악함으로 인해 잇달아 일어나는 사고들, 스태프들의 중노동에 비해 터무니없는 임금. 그 스태프들이 없으면 드라마가 만들어지지 않는데, 어떤 배우는 회당 '억' 소리가 나는 돈을 받는다. 24회면 24억이다. 드라마 제작비의 10퍼센트를 그 배우가 가져가면 그 드라마에 등장하는 다른 인기 있는 몇 명의 배우들이 또 10퍼센트 이상을 가져갈 것이고, 십여 명의 조연들도 또 10퍼센트 가져갈 것이고, 그 밑에 수십 명의 조연들도 그만큼 가져갈 것이고, 단역들도 그만큼 나누어 가져갈 것이다. 제작비 중 절반 이상은 배우들에게 간다. 거기서 순수 제작비도 빼야 한다. 그런 다음에서야 스태프들에게 차등으로 분배될 것이다. 나머지 제작비의 몇 퍼센트나 될까? 각자 상상하고 산출해보기 바란다.

배우의 문제로 좁혀서 조금만 더 말해보겠다. 가장 많이 받는 배우 한 사람과 거론도 하지 않은, 한 번씩 총 맞고 죽기 위해서 등장하는 엑스트라들이 받는 돈과의 차이에 대해서다. 매우 불편하겠지만 꼭 생각해봐야 할 사실이다. 지금 막 연기를 시작하는 수만 혹은 수십만의 스타지망생 초보배우들 중 자본주의 경제 피라미드 맨 위의 스타 한 사람이 될 확률은 얼마나 될까? 그 다음 여러 명 중 한 사람이 될 확률은? 그럼 그들 스타들이 밟고 있는 사람들이 얼마나 될까? 온 몸에 소름이 돋아버릴 지경이다.

다행히 모두에게 유일하게 공평한 사실이 있다. 죽음. 시간이 흐르고 계속해서 흐르면 모두가 사라진다는 것이다. 후손의 몸으로 전달되는 자기 유전자도 삼대면 사라진다. 아무리 부귀영화를 누려도 사라질 것이라는 것은 자명하다. 그러므로 어떤 일을 하든지 자신의 가치를 먼저 알고 일을 선택하는 것이 옳다. 지금 이 순간 삶의 가치를 어디에 둘 것인가? 자기 자신의 가치를 알지 못하면 '연기에 대한 존경'은 생겨나지 않는다. '연기에 대한 존경' 없이는 배우로서의 자부심은 얻지 못한다. 진즉에 오순택 선생님이 제자들 마음에 깊이 심고 싶으셨던 가치다. 작품을 준비할 때도 자신의 가치를 염두에 두지 않으면 안 된다. 자신에게 스스로 부여하는 가치가 작품 선택과 준비 과정을 다르게 만든다. 반대로 가치 있는 작품이 배우의 가치를 높여준다. 스스로 기꺼이 힘들게 준비하는 순간이 모두 창조적인 순간이 된다. 작가의 혼과 배우의 혼이 어우러져 춤을 추게 된다. 피라미드의 꼭대기로 오르려고 기를 쓰는 삶이 아니라 지금 여기 펼쳐진 들판에서 관객들과 한 판 자유로운 영혼으로 춤을 추기 위해서 사는 것, 그런 삶이 배우로서 최고의 삶이 아니겠는가. 나에게 "배우는 결코 하찮은 존재가 아니며 얼마나 고귀하고 깊은 영혼을 가져야 하는지"를 마음으로 알려주신 스승이 있었다. 지금도 나를 혼(魂) 불로 감싸고 있음을 내 영혼은 안다. 그런 스승이 있었기에 내가 여기 있듯이, 이 책이 또 새로운 길을 낼 수 있는 밈(meme)* 유전자 지도가 될 수 있다고 믿는다. 그러나 지도가 있다고 해도, "길은 우리가 다녀야 만들어진다"고 한 장자의 말처럼 길에 들어서지 않는 이상 아무 변화도 일어나지 않는다. 아무것도 바꾸지 못한 실패가 무서워서 다시 시작을 하지 못하면 새로운 길은 생겨나지 않는다.

---

* 'meme'이라는 용어는 리처드 도킨스에 의해서 만들어진 단어다. 새로이 등장한 자기 복제자에게도 이름이 필요한데, 그 이름으로는 문화전달의 단위 또는 모방의 단위라는 개념을 담고 있는 명사가 적당할 것이다. 이에 알맞은 그리스어 어근으로부터 '미멤(mimeme)'이라는 말을 만들 수 있는데, 그가 원하는 것은 '진(gene-유전자)'이라는 단어와 발음이 유사한 단음절의 단어다. 그러기 위해서 위의 단어를 '밈(meme)'으로 줄이고자 했다. 하여 나 역시 도킨스의 meme(밈) 그대로 쓴다. 이를 고전학자들이 이해해주기를 바란다.

1
부

준비

Play is Play.

연극(Play)은 연기 (Play)다.

연기(Play)는 연기(演技)다.

연기는 기술이다.

나는 마치 한 쌍의 DNA 이중나선과 같은 연기술의 두 축, 아리스토텔레스의 『시학』에서 발견한 고전적인 연기술인 Play is Play, 그리고 드니 디드로(Denis Diderot)의 『배우에 관한 역설』에서 발견한 '연기 역설의 법칙'을 기반으로 「갈매기」를 연출하는 데 적합하다고 생각한 연기 기술들을 흡수·통합해서 연습 과정에 적용했다. 연기술의 적용에 대해 개인적인 평가를 한다면, 딱 이 책이 배우들에게 받아들여지는 만큼의 성공이다.

나는 특히 이번 「갈매기」 공연 연습에 내 마지막 스승이자, 이 시대 위대한 마스터였다고 확신하는 오순택 선생님의 마지막 미완성의 연기술인 '신체시정적 접근법'을 적용하는 실험해 본 것을 가장 큰 소득이라고 생각한다. 이유는 바로 Play is Play, 연극의 탄생 이래 지금까지 이어지고 있는 연기의 '본질'을 확인받을 수 있었기 때문이다. 선생님이 발견하신 제아미의 연기 방법 '이견지견'이 또한 같은 맥락으로 중요하다. 다만 아쉬운 것은 이번 「갈매기」 작업에서 정말 기꺼이 '순간에서 순간으로' 흐르는 연기를 위해, 그 '준비'를 위해 선생님의 가르침을 온 몸으로 실천하는, 온 몸으로 밀고나가는 배우를 만나지는 못했다는 것이다.

데클란 도넬란의 『배우와 목표점』의 경우도 'Play is Play'라는 연기의

'본질'을 확실하게 뒷받침해주기 때문에 같은 맥락으로 연결된다. 그가 유일하게 자신의 책 시작 지점에서 거론했던 책이 드니 디드로의 『배우에 관한 역설』이라는 것이 그 사실을 반증해 준다. 절대적으로 target을 외부로 두는 그의 관점은 '연기 역설의 법칙'에서 발견해 내고, 연출가의 실천 과정을 통해 이미 고전적인 연기술이 된 스타니슬랍스키 시스템과 결합해서 자기만의 '단독성'으로 정리한 새로운 연기술이다. 연기(action)를 위해 필요한 인간의 모든 감각은 외부를 향해 열릴 때만 깨어나기 때문이다. 나는 내가 찾아낸 그 모든 '연기를 위한 기술'을 통합했고, 이번 「갈매기」 공연 연습에 적용했다. 아니, 시도했다라고 하는 것이 정확하겠다.

먼저 길잡이로서 전체를 이해하는 데 나침반으로 삼을 수 있도록 핵심을 요약해보겠다.

하나, **연기**(play)는 '**놀이**(play)'다. 체스를 두거나 혹은 장기를 두는 것처럼 무대에서 배역이라는 말(馬)을 놓고 움직이고 말(대사)로서 묻고 답하는 '놀이'다. 내가 이 책에 장착한 일곱 개의 '연기(Play) 기술'은 배우의 재능에 의해서 자기 배역인 '인물'로 통합되거나, 또는 배우의 자기 의지로 통합하거나, 또는 그 둘이 병행되는 과정을 통해서 인물 창조의 목적을 달성하게 하는 기술이다.

둘, **질문은 창조의 힘이다.** 나는 이 책을 질문과 해결의 형식으로 썼다. 질문 없이는 아무 답도 내놓을 수가 없다. 연출(배우)의 보이지 않는 준비 작업에서도 올바른 질문은 해결의 실마리를 찾게 해준다. 연출은 배우들에게 작품의 수수께끼를 풀어낼 수 있도록 구체적으로 유용한 질문들을 던져줄 수 있어야 한다. 질문을 던지고 배우들끼리 대화를 통해 대답, 혹은 해결을 위한 길을 스스로 낼 수 있도록 유도해 주어야 한다. 배우 또한 연출가와 또 자기 배역과 계속해서 질문을 주고받아야 한다.

셋, 관객의 시선이 되어야 한다. 연출이 배우와 함께 하는 '보이지 않는 작업'은 배우가 무대에서 연기하는 순간 '보이는 작업', 즉 수면 위로 빙산을 밀어 올려 그 일각을 보이도록 하는 일이다. 연출과 배우가 준비하는 모든 것으로서, 수면 아래 빙산을 밀어 올리는 배우의 준비 과정 전부를 말한다. 배우가 무대에서 보이는 인물과 인물로서의 연기(Play)는 수면에 보이는 빙산의 일각(연기)과 수면 아래 일각을 떠받치는 거대한 부분(재능과 내공 그리고 준비가 합쳐진)으로 이루어진다.

넷, 이견지견, 작품과 각각의 인물들을 깊이 이해하기 위한 제일의 원칙인 '객관적 읽기'를 기억해두라. 객관적 읽기란? 타자성에 근거해서 배우와 배역의 거리를 그대로 인정하고 시작하는 것이다. 대본 읽기에는 배우의 사적인 그 무엇도 개입시켜서는 안 된다. 그 태도를 관객을 만나기 전, 그러니까 공연 전 리허설까지, 끝까지 견지해야 한다. 계속해서 다시 구체적이고 상세하게 다루겠지만, 보이지 않는 작업으로서의 첫 단계는 대본 읽기다. 문장//쪼개기부터, 그리고 주체//객체를 나누는 것부터 하라.

연극은 연출가와 배우가 함께 하는 보이지 않는 작업, 그리고 연출가와 배우 각자가 스스로 하는 '보이지 않는 작업'의 결과가 합쳐져서 무대에 구현된다. 특히, 네미로비치-단첸코가 "연출의 창조만큼 덧없는 것도 없다"라고까지 표현한 것처럼 연출가의 작업은 보이지 않는 작업으로 시작해서 보이지 않는 작업으로 끝이 난다. 연출가는 배우에게 미래의 관객들이 원하는 것을 전하는 메신저다. 그렇기 때문에 배우는 당연히 연출가의 작업을 존중해 주어야 한다. 또 그렇기 때문에 연출가는 더더욱 보이지 않는 준비과정을 창조적으로, 온몸으로 즐길 줄 알아야 한다.

연출가의 작업은 정말 덧없을 만큼 보이지 않는 작업이다. 보이지 않는 작업이라고 해도 공연이 올라갔을 때, '보이는 배우 연기'를 떠받쳐주는 수면 아래 빙산이다. 그렇기 때문에 그 준비는 아무리 많이 해도 언제나 충분하지 않다. 더구나 공연을 위한 물리적인 연습 기간이 터무니없이 짧아진 우리 현실에서는 연출가의 내공이 아무리 특출하다고 해도 역시 언제나 충분하지 않다. 공연으로 '보이는 작업'은 빙산의 일각이다. 그 일각은 철저하게 배우의 연기에 의해서 드러난다. 차별화된 공연을 원한다면 배우 역시 엄청난 준비를 해야만 한다. 내가 아닌 다른 유형의 사람을 완전하게 '감정 수입' 하는 일이 쉬울 수가 없다. 고전일수록 더 그렇다. 수면 아래 준비된 빙산이 얼마인가에 따라서 수면 위로 보이는 그 일각의 크기나 아름다움이 드러나는 것이다. 연출가도 배우도 모두 이 진실을 잊지 않아야 한다. 연출가와 배우가 함께 준비하는 수면 아래의 보이지 않는 작업, 그 어마 무시한 빙산이 떠받쳐주지 않는다면, 당연히 결과로 드러나는 '공연' 일각은 보잘 것 없을 것이다.

아무리 연극에 문외한이라고 해도 모든 관객은 대단히 동물적인 감각으로 공연을 본다. 인간 본연의 본성인 놀이로서 공연을 즐기기 때문이다. 놀이는 인간의 타고난 본성이다. 불특정한 다수의 관객이 함께 놀이로서 즐길 수 있는 공연을 완성하는 일은 대단히 힘든 작업이다. Play is Play. 연극과 연기가 동의어로 쓰인 이유가 분명히 있다. 진짜 관객은 볼 줄 안다. 볼 줄 알기 때문에 관객이 되는 것이다. 그렇기 때문에 배우의 내공이 아무리 많아도 역시 충분하지 않다. 배우의 준비, '보이는 작업' 그 아래 '보이지 않는 작업'을 아무리 많이 한다고 해도 충분하지 않은 또 하나 중요한 이유는, 연기는 배우가 관객과 함께 즐기는 놀이가 되어야하기 때문이다. 공연의 성공 여부는 그 다음의 문제다.

1 장

작품 & 인물 탐구

연기(Play) 기술 장착, 하나 — **Play is Play**

Play is Play. 연극은 놀이다. 놀이의 모든 특성은 연극의 특성이 된다. 연기 기술로서 꼭 기억해 두어야 할 가장 중요한 놀이의 특성은 (1) 재미, 즐거움(compelling), (2) 놀이의 현재성(here and now)이다.

(1) 재미, 즐거움(compelling)은 모방과 유희 본능에서 비롯된 놀이의 특성이다. 연극은 기본적으로 진화하고자 하는 인간의 본능에 의한, 세상에 대한 호기심으로 생겨난 놀이다. 아리스토텔레스 『시학』에서부터 시작된 미메시스의 대전제이며 기본 원칙이다. 공연의 성공은 관객의 호응과 공감을 증명한다. 간단하다. 재미있어야 한다. 그래야 성공한다. 재미는 연극의 첫 번째 특징이다. 연극이 재미있는 것은 그것이 배우와 관객의 놀이이기 때문이다. 연극이 놀이가 될 때 즐거워지는 것이다. 오순택 선생님 역시 'compelling'이란 용어와 함께 "너무나 흥미로워서 주목하지 않을 수 없게" 만들어야 한다고 하셨는데, 아리스토텔레스가 비극의 플롯에 대해서 "듣기만 해도 그 사건에 전율과 연민을 느낄 수 있게끔 구성되어야" 한다는 데서 비롯된 대단히 기본적이며 고전적인 원칙이고 기술이다.

배우 역설의 원칙에 의해서 기술로서 새롭게 알아야 할 사실은—이 점이 가장 중요한데 – 관객의 compelling이다. 대단히 중요한 문제인데, 배우들이 자기 연기에 빠져서 늘 대사가 관객에게 전달되어야 한다는 사실을 잊어버린다. 연기의 목적을 잊는 것이다. 관객은 배우로부터 '사람과 인생에 대한 이야기'를 듣고 싶은 것이다. compelling의 뜻을 찾아보라. "강한 흥미를 돋우는, 감탄하지 않을 수 없는"의 의미가 있다. 관객은 배우가 그 이야기를 재미있게 '실제로 보는 것처럼' 연기해주기를 바라지, 저 혼자 빠져서 중얼 거리기를 바라지 않는다.

(2) 지금, 여기(here and now)에서 일어나는 일, 그것이 바로 놀이의 현재성이다. 말할 것도 없이 배우는 현재를 사는 존재다. 연극 공연 역시 '오늘, 지금, 여기'에 관객을 존재시키는 일이다. 그리고 이 장치는 스타니슬랍스키가 시스템으로서 정립하고 오순택 선생님이 진화시킨 매우 중요한 연기 방법으로서, '오늘, 지금, 여기(here and now), 순간에서 순간으로(moment to moment)'와 대단히 밀접한 관련이 있다.

'놀이의 현재성'은 그러니까 무엇보다도 지금, 이 순간의 공간을 열어주는 것으로 시작된다. 카메라 렌즈의 원리를 생각하면 된다. 다시 말해서 카메라 렌즈가 인간의 눈의 원리에 따른다는 것을 이해하고 시청자 관객이 카메라 렌즈가 본 것을 본다고 이해하면 된다. 극장에서 역시 관객은 배우의 눈이 보는 것을 본다고 이해하면 되는 것이다. 배우는 지금, 이 순간 '나'를 존재시키는 것으로 연기의 진정성, 즉 '리얼리티'를 획득하게 된다. 문장//쪼개기 기술에서 주체//객체를 나누는 것으로 시작된다. 배우가 공연하는 순간, 실체로서 존재해야 하는 것인데 '내가'라는 말 속에 배우 자신인

'나'가 들어가는 것으로 기본적인 '진정성'을 획득하게 된다. 대단히 중요한 말이므로 반드시 기억해두기를 바란다.

    # 놀이와 관련해서 많은 부분 '스타니슬랍스키 시스템'에 대해 받아들이는 쪽에서 오류를 범하고 있는 '집중(concentration)'의 문제를 짚고 넘어가야겠다. 시스템 자체의 문제가 아니라, 수용자의 문제다. 오류는 민족적 특성의 문제로 생기기도 하지만 개인적인 성향의 문제이기도 하다.

    한국인은 집중력이 굉장히 강하다. 나 역시 집중력이 강하다. 그런데 이것이 나에게도 그랬지만, 실제로 배우에게 치명적인 단점이 된다. 우리가 갖고 있는 이 집중력은 사실상 상대에 대한 지독한 거부의 몸짓으로 강화된 선택적 집중력이다. 사회적, 교육적 환경이 우리를 그렇게 만들었는데, 한국의 부모들은 자식에게 너무 많은 것을 강요한다. '하지 말라' 아니면 반대로 '잘 해라'를 달고 사는 것이 우리 한국 사회고, 한국의 부모다.

    그런데 그 점에 있어서 러시아 사람들도 우리하고 좀 다른 이유로 많이 닮았다. 거기도 사회주의 체제가 오래 지속되었던 터여서 '하지 마라'가 많았다. 그래서 '거부'의 몸짓, 혹은 종속적인 몸짓으로 선택적 집중(concentration)을 대단히 잘한다. 이 선택적 집중은 다른 말로 표현하면 공부 노력이기도 하다. 서울대를 가려고 엄청난 노력을 하는 것, 그 또한 집중이다. 우리는 모두가 원하는 순간에 엄청난 노력을 할 수 있는 잠재력을 갖고 있다. 그런데 이것이 연기에는 그다지 쓸모가 없다. 정말 모순된 얘기다. 내가 그랬다. 에튜드를 하기만 하면 너무나 집중을 잘해서 연기 '마스터'들에게 엄청나게 칭찬을 받는데, '감정을 만들려고 집중하는 버릇' 때문에 정작

해야 할 것을 놓친다. 결국 1학년 때 연출 마스터에게 들키고 말았다. '내가 뭔가 딜레마에 빠졌구나' 그 생각을 하게 됐다. Play에 관심을 갖게 된 것은 아마도 그때부터. 한국에 돌아와서 배우들과 작업해 보니, 우리 배우가 빠지는 딜레마 역시 똑같았다. 그때 크게 깨닫고서 첫 연습실을 갖추고 '극단'을 만들었을 때, 놀이의 관점으로 연극하는 것을 집중적으로 탐구하기 시작했다. 또한 '관객심리행동법'이 연출에게만 필요한 것이 아닌 것을 알았다. 다시 관객의 입장이 되어 엄청나게 고민하고 공부했다.

연출가의 질문: 어떻게 극복할 것인가?

대답 혹은 해결: 방법은 첫째 Play의 특성들을 이해하는 것, 둘째 '공감'의 원리에 따른 미메시스를 이해하는 것, 셋째 관객심리행동법에 따른 연기의 기본인 '관객과 함께 Play한다'는 것을 이해하는 것, 즉 총체적으로 관객을 '받아들이기'이다. 관객이 자신의 전 감각으로 즐거울 수 있도록 Play해 준다는 것을 이해하고 받아들여야 한다. 관객의 관점과 시선으로 자신의 연기를 볼 줄 알아야 한다.

■ 관심(attention)과 보기(seeing)에 대한 훈련

데클란 도넬란이 말하는 '보기'를 터득하는 훈련을 하는 것은 대단히 유익할 것이다.

"'보기'는 이미 존재하는 것에 관심을 기울이는 것이다."

"'보기'는 보이는 것이 나를 놀래주도록, 내가 기대했던 것과 다를 수 있게 하는 자유를 가짐을 함축한다."

데클란 도넬란, 「배우와 목표점」

한 사람씩 '보기'를 체득하는 훈련을 해 본다. 우리 작업에서는 마샤와 메드베젠꼬 배역의 배우들에게 먼저 빈공간을 보도록 하고, 눈을 가리고 퇴장했다가 배우들을 나무처럼 세워 놓고 낯설게 해서, 마샤와 메드베젠꼬 배역의 배우들이 모른 채 무대로 나와 다시 보게 해보았다. 물론 그 순간은 배우들의 보기 감각이 바뀐다. 그러나 계속해서 지속되지는 않는다. 하루아침에 이루어지는 것은 아무것도 없다. 특히 몸에 밴 습관을 바꾸기는 더 힘들다. 연습 기간 내내 훈련해서 공연 때쯤 어느 정도 체득이 될 수 있었으니까.

그러니 미리 미리 훈련을 해두라. 이미 존재하는 것에 관심을 기울이고, 새롭고 낯설게 보는 훈련을 하고, 반드시 질문을 통해서 확인해라. 배우는 많은 것들에 대해서 질문을 통해 자신이 느낀 것들을 다시 복기해서 기억해 두어야 한다.

1. 스토리텔링

스토리텔링은 배역을 주인공으로 해서 줄거리 말하기다. 이야기꾼의 '이야기 말하기'다. 서사다. 연극의 시작이다. 연극이 되기 전, 그러니까 극장이라는 공간이 생기고 데스피스라는 첫 번째 '배우'가 생기고 코러스들과 대화를 시작하기 전, 아직은 연극이 아닌 상태, 연극은 본시 코러스들이 몸을 써서 들려주는, '듣기만 해도 전율이 일어나게 해주는' 이야기였다. 그 때 이야기는 서사와 서정이 나뉘지 않은 상태로 서사와 서정을 모두 담고 있었다. 서사시였다는 얘기다. 데스피스와 코러스의 대화가 시작되면서 서사시에서 극시로 발전하기 시작했다. 서사와 서정과 대화를 모두 담고 있었던 극시가 대화를 중심으로 하는 연극이 되기 바로 전 이야기의 형태가 연극의 본래 기반이다. 주인공의 스토리텔링은 서사와 서정을 포함한 이야기라는 극시의 본래 기반을 다시 되찾는 작업이다. 즉, 스토리텔링을 통한 인물 탐구라고 할 수 있다.

주인공이 되어서 줄거리만 갖고 실감나게 이야기를 해보라. "~라는 이름을 가진 주인공이 있다" 그렇게 시작하면 된다. '이름'을 만들어주면 그 때부터 '그'나 '그녀'는 이름을 갖고 주인공이 되는 것이다. '나는 누구인가?'에 대한 가장 짧은 대답은 '나는 오순한이다'라는 것이지 않은가. 내가 내 이름으로 내 삶의 주인공이 되는 것처럼 그렇게 등장인물도 '이름'이 붙여지면서 주인공이 되는 것이다. 그리고 주인공으로서의 이야기는 주인공에 대한 '긴 대답'이 시작되는 것이다. 그것이 배우의 줄거리 말하기다.

연출가의 질문: 각각의 배역을 주인공으로 하는 줄거리 정리가 필요한 이유는?

대답 혹은 해결: 연극은 연출과 배우의 공동 작업으로, 목표가 일치되어야 목적지에 제대로 도착할 수가 있다. 지도에 목적지를 향해 갈 표시가 일치하지 않으면 앙상블을 이룰 수가 없다. 그러므로 배우가 배역을 주인공으로 해서 스토리텔링을 해보는 것은 반드시 해야 하는 작업이다. 물론 연출가는 연출의 관점에서 각 배역의 관점으로 줄거리를 준비해야 한다.

첫 번째는 주인공들의 삶을 이해하고 배역의 '주어진 상황'을 파악하는 데 반드시 필요하기 때문이고, 두 번째는 작가의 의도 중, '세 명의 여자 배역과 여섯 명의 남자 배역'이라는 의도를 간파하기 위함이다. 물론 나에게는 네 명의 여자 배역과 여섯 명의 남자 배역의 의도다. 나는 뽈리나 역시 정말 중요한 주인공이라고 생각한다. 배우에게 특히 중요한 것은 주어진 상황을 파악하는 일이다. 주어진 상황이라는 용어를 모르는 배우는 없을 것이다.

줄거리 정리가 구체적일수록 배우의 연기(Play) 또한 정확해진다. 이야기를 할 때 각각의 배역은 상대 배역들에게 목표점(목표와 목표점은 다른 개념이다. 목표점에 대해서는 데클란 도넬란의 『배우와 목표점』을 읽어보라)이 된다. 그러므로 그 배역을 주인공으로 해서 줄거리를 구체적으로 명료하게 요약하면 당연히 배우 서로가 각자 보여줘야 하는 연기(Play)가 정확해진다. 이번 기회에 제대로 적용하고 실천해보라고 권했지만, 그러나 제대로 적용하고 실천하는 배우가 거의 없었다.

안톤 체홉을 연구하는 한 비평가의 말대로 그의 희곡에 나오는 모든 인물들은 모두가 주인공이다. 특히 「갈매기」는 더더욱 그렇다. 모든 배역을 주인공으로 해서 줄거리를 말하는 스토리텔링은 배우와 연출가에게 대단히 유익하다. 작가 스스로 정의 내린 특징 중에 하나인 "세 명의 여자 배우, 다섯 명의 남자 배우"라고 한 작가의 의도를 충분히 이해하고 살려내기 위해 모든 배역을 주인공으로 생각해 보는 것이다. 그에 따라서 나는 각각의 배우로 하여금 자기 배역을 주인공으로 놓고 줄거리를 정리하도록 했다. 그랬을 때 얻어지는 것은? 물론 인물 모두 생생하게 살아있게 된다. 작품역시 피상적이 아니라 입체적으로, 다면적으로 이해할 수 있게 된다.

니나를 주인공으로 하는 줄거리

니나라는 이름을 가진 주인공이 있다. 호수가 있는 조용한 시골 동네에 살고 있는 지주의 딸이다. 니나는 대단히 독립적이며 자유로운 영혼의 19세 처녀다. 그리고 근처에 살고 있는 극작가 지망생인 꼬스챠와 순수한 사랑을 나누는 연인 사이다. 니나는 꼬스챠집안을 동경한다. 꼬스챠의 엄마인 아르까지나는 소린의 여동생이고 젊은 시절 한때 유명했던 여배우다. 아르까지나는 여름마다 오빠 소린의 영지로 휴가를 오는데, 이번 여름에는 그의 애인인 유명한 통속소설 작가 뜨리고린을 데리고 왔다. 니나는 평소 아르까지나의 유명세와 그녀의 화려한 여배우 생활을 동경했고, 하필이면 뜨리고린의 통속소설을 읽고 매료되어 있었다. 그런데 꼬스챠는 자기 어머니와 뜨리고린에게 자기가 새로운 형식으로 쓴 희곡을 보여주려는 계획을 하고 니나에게 여주인공을 연기해 달라고 청한다. 사실 꼬스챠의 희곡은 난해하고 전위적이라 이해가 되지 않았지만, 니나는 여배우가 되는 것을 동경했고, 또 뜨리고린을 만나고 싶은 마음이 앞서 흔쾌히 수락을 하고 그들 앞에서 연기를 해 보인다. 아르까지나는 아들의 비현실적인 작품과 니나의 연기를 견디지 못하고 결국 비난과 야유로 꼬스챠의 화를 돋운다. 어머니의 행위에 화가 난 꼬스챠는 공연을 중단시키고 그곳을 떠나버린다. 니나는 갑자기 연극이 중단된 것에 잠시 당황하지만, 그 순간 니나의 주된 관심은 오직 유명한 작가 뜨리고린이라서 니나는 꼬스챠를 따라가거나 위로할 생각은 못하고, 남아있는 사람들 속에 섞여서 뜨리고린에게 관심을 표현한다. 하지만 뜨리고린에게 관심을 갖는 니나의 행동은 꼬스챠의 분노를 가중시키고 급기야 질투심에 휩싸인 꼬스챠는 갈매기를 총으로 쏘아 죽이고 갈매기 시체를 니나 발 앞에 던지며 그 갈매기처럼 자기 자신을 쏠 것이라는 암시를 준다. 하지만 이미 뜨리고린을 욕망하게 된 니나에게 꼬스챠의 사랑과 고통은 보이지 않는다. 이제 니나는 뜨리고린만 쫓는다. 그 사실을 알게 된 꼬스챠는 폭발할 것 같은 질투로 뜨리고린에게 결투를 신청한다. 아르까지나 또한 그 사실을 알게 되고 그녀는 뜨리고린을 데리고 떠나는 것으로 모든 것을 제자리로 돌려놓겠다는 결정을 한다. 그러나 뜨리고린 마음은 니나에게로 돌아섰고, 그 마음을 확인한 니나는 성공에 대한 환상을 갖고 뜨리고린을 따라서 모스크바로 간다. 그러나 두 사람의 삶은 자신들의 생각대로 되지 않는다. 니나에게 뛰어난 재능이 있는 것도 아니었고, 뜨리고린 역시 니나와 함께 사는 삶이 생각처럼 간단한 것이 아니라는 것만 확인하게 된다. 결국 니나는 지방을 전전하는 삼류 배우로 전락하고 뜨리고린은 현실적인 문제들을 극복하지 못하고 아이까지 낳은 니나를 떠나 아르까지나에게 돌아간다. 지주의 딸로 태어나 고생을 모르고 자란 니나는 설상가상 아이까지

잃고 점점 더 불행의 나락으로 떨어진다. 밑바닥까지 추락한 니나는 2년 만에 고향으로 되돌아왔지만 가족들조차 그녀를 받아주지 않는다. 니나는 꼬스챠와의 순수했고 행복했고 미래에 대한 희망만 있었던 시절을 회상하면서 호수 근처를 배회한다. 때마침 소린의 병세가 나빠져 아르까지나가 뜨리고린과 함께 영지를 방문하고, 그 소식을 전해들은 니나는 마지막으로 뜨리고린을 보고자 집 근처를 서성이다 자신이 처음 주인공으로 공연했던 호수 근처 무대를 발견하고 오열한다. 뜨리고린을 만나려던 니나는 생각을 바꿔 꼬스챠를 만나 자신의 이야기를 하고, 여전히 자신에 대한 변함없는 사랑을 간직한 꼬스챠에게 놀라면서도 한 편 자신이 여전히 뜨리고린을 사랑하고 있다는 자각과 함께, 과거는 이미 돌이킬 수 없다는 진실을 깨닫는다. 모든 상황을 받아들이고 한 인간으로 성숙해진 니나는 꼬스챠도 뜨리고린도 아닌 오직 자기 자신을 위한 삶을 택한다.

꼬스챠(뜨레쁠레프)를 주인공으로 하는 줄거리

꼬스챠라는 이름을 가진 주인공이 있다. 키예프 소시민이며 중류계급 출신의 배우였던 아버지와 귀족이며 젊은 시절 한때 유명했던 여배우 아르까지나의 아들이다. 희곡에 나타난 바로는 반쪽 귀족인 꼬스챠는 아버지와는 일찌감치 떨어져 살았고, 귀족 가문이고 유명한 여배우의 아들인 덕에 어린 시절을 배우와 작가들의 관심을 받으며 자랐다. 그러나 자식보다는 여배우로서의 삶이 중요했던 엄마로부터 사랑받지 못하고 외톨이로 고독하게 컸다. 부모 모두가 배우였다는 것, 어린 시절을 아버지의 부재와 어머니의 방치로 보냈다는 것 등의 타고난 기질에 더해진 삶의 결핍으로 비사교

적이며 우울한 성격의 자신이 결코 평범한 삶을 살지 못하리라고 판단한다. 꼬스챠는 대학도 그만두고 글을 쓰기로 작정하고 소린의 영지로 돌아와 사냥과 습작 생활을 하면서 지낸다. 소린 영지에 살면서 이웃에 사는 지주의 딸 니나를 만나 사랑하게 되고 그녀 없는 삶은 상상할 수도 없을 정도로 그의 사랑은 깊어진다. 사랑하고 사랑받고 싶은 것은 인간의 본성이다. 엄마에게 사랑받지 못한 결핍을 니나를 사랑하고 니나에게 사랑받는 것으로 채울 수 있을 것 같았다. 그러나 엄마 아르까지나가 애인인 통속소설 작가 뜨리고린과 함께 영지를 방문하면서 모든 상황이 바뀐다. 인정받고 싶은 것도 인간의 본능이다. 특히 배우인 엄마와 작가인 뜨리고린에게 인정받고 싶었던 꼬스챠는 마침 새로운 형식으로 쓴 희곡을 선보이기로 계획하고 니나를 여주인공으로 해서 무대에 올린다. 그러나 그 과정에서 새로운 형식의 연극을 이해하지 못한 엄마 아르까지나의 야유를 견디지 못한 꼬스챠는 연극을 중단시킨 채 자리를 뜬다. 꼬스챠가 떠난 뒤 니나는 잠시 남아 있다가 뜨리고린에게 반해버리고 모든 것이 어긋난다. 그러잖아도 불길한 예감을 느꼈었는데 예감이 적중해서 니나는 뜨리고린을 선택하고, 질투심에 휩싸인 꼬스챠는 갈매기를 쏴 죽이면서 니나에게 암시를 주고 자살시도를 하지만 실패하고, 결국 뜨리고린에게 결투까지 신청한다. 아들의 질투와 니나와 뜨리고린 사이를 알아챈 아르까지나는 뜨리고린만 데리고 떠나면 모든 것이 제자리로 돌아갈 것이라고 생각하고 떠날 것을 결정한다. 그러나 아르까지나의 뜻과는 다르게 뜨리고린과 니나는 모스크바에서 다시 만나기로 약속한다. 꼬스챠는 니나가 뜨리고린을 따라 떠난 뒤 주목 받는 신진 작가가 된다. 그러면서 니나를 여전히 잊지 못해 니나의 행방을 수소문하고 뒤를 쫓으면서 니나가 여배우로서 실패하고 삼류 배우로 지방을 전전하는 것을 보게 되고, 애인 뜨리고린의 아이까지 낳고도 버림받았으며, 또한 아이까지 죽었다는 비참한 사실도 모두 알게 된다. 그럼에도 불구하고 니나와 자신의 영혼이 연결되어 있다고 확신하는 꼬스챠는 니나의 마음을 되돌리려고 하지만 무슨 이유에서인지 번번이 거절당한다. 그러던 중 니나가 고향으로 돌아와 배회한다는 소식을 듣고 그녀가 묵고 있는 여관으로 찾아가지만 니나는 그를 만나주지 않는다. 그런 상황에서 삼촌인 소린의 병세 악화로 엄마와 함께 뜨리고린이 2년 만에 영지에 들른다. 뜨리고린이 방문한 그날 밤 꼬스챠는 불안한 어떤 예감으로 니나를 기다리고, 예감이 적중해서 뜨리고린을 찾아 집 근처로 온 니나가 꼬스챠를 불러낸다. 니나를 집으로 데리고 들어온 꼬스챠는 니나에게 자신의 사랑이 변하지 않았다는 것을 간절하게 호소하지만 오히려 니나는 자기 역시 뜨리고린에 대한 사랑이 여전하다고 말하면서, 그러나 그보다 더 중요한 것, 자신이 가야할 길을 찾았다고 말하고 떠난다. 꼬스챠는 니나가 완전히 자신을 떠났다는 사실을 확인하고, 더구나 작가로서의 정체성조차 흔들리면서 더는 살아있을 이유조차 없다는 절망으로 끝내 총으로 자살을 하게 된다.

아르까지나를 주인공으로 하는 줄거리

아르까지나라는 이름을 가진 주인공이 있다. 귀족이면서 유명했던 여배우다. 호수가 있는 시골 동네 호숫가에 위치한 영지와 대저택을 소유한 귀족이자 고등문관으로 28년을 근무한 소린의 여동생이며, 꼬스챠의 엄마다. 영지에서 태어나 풍족하게 자랐으며, 모스크바로 가서 유명한 여배우가 된 뒤, 매년 여름이면 영지로 여름휴가를 온다. (러시아 비평가들의 작품 해석을 참고로

해서 희곡을 통해 추측해 보면, 여배우로서의 과시욕이 대단히 많은 여자이고, 사랑 역시 그 과시욕을 충족시키는 수단일 뿐이다. 중류계급에 키에프의 소시민이었을 뿐인 꼬스챠의 아버지를 선택한 이유도 추측이 가능하다. 그녀가 극장에 들어갔을 때 꼬스챠의 아버지는 이미 성공한 배우였을 것이고, 족히 열 살은 차이가 났을 것이지만 이미 성공한 유명한 배우라는 간판이 그녀의 과시욕을 충족시켰을 것이다. 그리고 빠른 시간에 여배우로 성공할 수 있는 발판이 되었을 것이다. 그러나 그녀 자신이 여배우로 성공하자 이미 주인공에서 물러나기 시작한 나이든 남편에게 싫증을 느꼈고 그와의 사이에 아들 꼬스챠까지 있었지만, 모성애보다는 여배우로서의 자신을 더 중요하게 생각했으므로 젊고 유명한 작가 뜨리고린이 접근해오자 그를 잡기 위해서 꼬스챠의 아버지와는 결국 헤어졌을 것이다. 물론 다른 해석도 있다.) 아무튼 아르까지나는 여배우로서 전성기 때 뜨리고린을 만났다. 뜨리고린은 대여섯 살이나 연하인 남자이고, 통속소설 작가로서 재능이 뛰어나고 자신을 돋보이게 만들어주는 연인이다. 이 여름, 뜨리고린까지 데리고 영지로 휴가를 왔는데 아들 꼬스챠의 습작 희곡의 주인공으로 연기한 동네 처녀 니나가 뜨리고린에게 반한다. 꼬스챠의 희곡이 자기 스타일이 아닌 이유도 있었지만 오직 자신이 주인공이라야 직성이 풀리는 아르까지나는 공연 중에 야유를 보내면서 공연까지 중단시킨다. 그녀는 여유를 가장해서 니나의 재능을 부추기는 칭찬을 하고, 우월함을 과시하면서도 은근히 제재를 한다. 그러나 그녀의 은근한 제재에도 불구하고 뜨리고린은 니나에게 푹 빠져서 둘이 서로 사랑하게 된다. 아르까지나는 결국 연인을 빼앗긴 아들 꼬스챠의 질투심이 급기야 자살시도와 함께 뜨리고린에게 결투 신청까지 하게 된 것을 이유로 들어, 이미 모스크바에서 둘이 만날 것을 약속한 것도 모르고, 두 사람을 떼어놓기 위해 한시라도 빨리 모스크바로 돌아갈 것을 결정한다. 모스크바에서 다시 만난 뜨리고린과 니나는 아르까지나 자신도 속여 가며 몰래 동거까지 하는 것을 짐작했지만, 결국은 자기에게 돌아올 것을 알고 있으므로 모른 척 한다. 예상대로 현실적인 문제에 부딪힌 뜨리고린의 사랑은 오래가지 못한다. 사랑에 능숙한 아르까지나는 자신의 재력과 특유의 능력으로 뜨리고린을 자신에게 되돌아오게 한다. 그리고 소린이 아프다는 연락을 받고 영지를 방문한 그녀는 당당하게 영지로 다시 뜨리고린을 불러들인다. 그렇게 모두가 영지에 모여들게 된다.

뜨리고린을 주인공으로 하는 줄거리

뜨리고린이라는 이름을 가진 주인공이 있다. 여배우 아르까지나가 유명했던 시절 그녀에게 반해 애인이 된다. 그후 통속소설 작가로도 유명해진 뜨리고린은 아르까지나와 함께 그녀의 고향 소린 영지를 방문하게 된다. 그는 거기서 학교를 그만두고 영지에서 극작에 뜻을 두고 습작을 하면서 지내는 아르까지나의 아들 꼬스챠를 만난다. 그리고 꼬스챠가 습작한 완전히 새로운 형식의 공연을 보는 중에 여주인공 역할을 한 니나가 처음부터 자기에게 관심을 보이면서 계속해서 접근해 온다. 뜨리고린 역시 풋풋하고 발랄하고 야생마같이 자유로운 니나의 매력에 흔들린다. 생활 속에서 사랑의 모티브를 얻고 소설로 창작해 내는 재능이 있는 뜨리고린은 내심 통속작가로서의 자괴감과 열등감을 갖고 있으며, 자신이 톨스토이나 졸라와 같은 천재적 재능을 갖지 못하고 있음을 알고 있다. 더구나 젊은 시절 작가가 되는 과정에서 겪은 가난 때문에 새로운 도전을 엄두도 내지 못하고 아르까지나라는 현실에 안주했었다. 그러나 그 역시 젊음으로 돌아가 새로운 작품을 써내고 싶은 열망은 간절하다. 그러한 그에게 더구나 아르까지나와는 다르게 자신을 우러르고 존경하는 눈빛으로 젊고 자유롭고 당차게 생명까지도 바칠 수 있는 사랑을 고백해오는 니나를 물리치기는 불가능하다. 그렇게 감정을 숨기지 않고 다가오는 니나가 자기 삶에서 다시는 만나지 못할 사랑, 도저히 밀어낼 수 없는 구원과도 같은 사랑이라는 감정에 휩싸인다. 니나와의 사랑을 포기할 수 없어서 아르까지나에게 제발 그 사랑을 인정해 달라고 놓아달라고 말해 보지만, 거미처럼 자신을 묶어버리려고 하는 아르까지나의 집요한 소유욕에 포기하고 만다. 그 순간, 떠나기 전 2분만 시간을 내달라던 니나의 말이 기억나서 되돌아와서 니나를 만난다. 니나는 이미 모스크바로 가기로, 그를 따라가서 배우가 되기로 결정했다고 말한다. 새로운 욕망에 들뜬 그는 니나에게 사랑을 고백하고 모스크바에서 만날 것을 약속한다. 그러나 그는 아르까지나의 소유욕에 가까운 사랑의 그물에서 벗어날 수가 없었다. 그녀의 눈을 피해 모스크바에서 다시 만난 두 사람은 서로 열렬한 사랑을 나누고 아이까지 낳지만, 사랑의 유효기간이 다하면서 지리멸렬해진 현실생활의 고통을 감수하지 못한 뜨리고린은 결국 비겁한 선택을 하게 된다. 니나를 배신하고 자신을 풍요롭게 해주는 옛 애인 아르까지나에게 되돌아간 것이다. 그런 상황에서 그는 니나가 영지에 와있는 것도 모르고 아르까지나의 부름으로 영지를 방문한다. 그리고 꼬스챠에게 화해의 제스처를 하지만 자격지심에 스스로 당당하지 못하다. 그런 상황에서 도른으로부터 꼬스챠가 자살했다는 소리를 듣고 충격에 빠진다.

.

마샤를 주인공으로 하는 줄거리

마샤라는 이름을 가진 주인공이 있다. 사랑 없는 부부관계로 엄마 뽈리나가 행복하지 않은 것을 보고 자랐다. 아버지는 오직 일뿐인 일중독자다. 마샤는 아버지를 극도로 싫어한다. 그런데 아버지가 관리하는 소린의 영지로 지주의 조카인 꼬스챠가 대학을 그만두고 돌아와 글을 쓰면서 살게 됐다. 마샤는 첫눈에 그에게 반하고, 그 사랑에 희망을 걸고 산다. 그러나 꼬스챠는 동네의 다른 지주의 딸인 니나를 만나서 사랑에 빠진다. 지주의 조카인 것도 사랑의 걸림돌인데, 거기다 연적까지 생겼으니 더더욱 어떻게 해볼 수가 없다. 자기 사랑은 희망이 없어졌으니 이제 자신의 인생은 죽은 것이나 마찬가지라는 생각으로 자기 인생을 애도하는 마음으로 인생의 상복을 입는다. 짝사랑의 고통을 자신의 의지가 아닌 술과 담배로 해결해보려고 하지만, 그래도 꼬스챠를 향한 사랑은 버릴 수가 없다. 절망에 휩싸여 마지막 선택으로 지신을 쫓아 다니던 메드베젠꼬와 결혼해서 아이도 낳았지만, 마음은 제멋대로 계속 꼬스챠를 향한다. 사랑도 결혼도 실패한 삶을 사는 그녀는 2년 뒤에도 여전히 불행하다. 그녀 스스로의 삶을 선택하지 못하지만 그저 메드베젠꼬가 전근을 가게 된 상황에 기대서 다시 또 꼬스챠를 잊을 수 있을 것이라는 막연한 희망을 갖는다.

샤므라예프를 주인공으로 하는 줄거리

샤므라예프라는 이름을 가진 주인공이 있다. 중위로 퇴역을 하고 호숫가에 있는 소린 영지를 관리하는 집사가 된 샤므라예프는 타고난 수단으로 소린 영지를 완전하게 장악한다. 일중독자다(중위로 퇴역을 했다는 것은 집안이 그리 좋지 않다는 의미다. 더는 올라갈 수가 없었으니 성공의 욕망이 생길 수 있다). 주인 소린은 말만 지주이지 관리생활만 해서 경영에는 완전히 무능하기 때문에 절대 그를 해고할 수 없다. 그리고 영지를 관리하는 데 있어서는 고집스러울 정도로 원칙적이며 한 치의 양보도 없다. 영지 내에서는 누구도 어떻게 해볼 수 없는 한마디로 폭군, 독재자다. 해마다 여름이면 유명한 여배우로 소문이 자자한 아르까지나가 영지를 방문한다. 이번 해에는 그녀의 아들도 삼촌인 소린 영지에 와서 함께 살고 있다. 아르까지나는 유명한 통속소설 작가인 애인까지 데리고 왔다. 아르까지나의 아들인 꼬스챠가 그의 연인 니나를 주인공으로 해서 새로운 형식의 연극을 올리는 것을 계기로 모자간의 싸움이 일어난다. 니나가 작가 뜨리고린에게 반해서 그녀의 젊은 연인인 꼬스챠가 자살 소동을 피우고 결투 신청을 하는 바람에 아르까지나가 예정보다 일찍 떠나게 되는 소동이 일어났어도 그에게는 관심거리가 아니다. 오직 떠나거나 방문하는 그 순간에만 기꺼이 말을 내어줄 만큼 영지 경제권을 장악하고 있다. 젊어서 연극을 자주 본 것처럼, 대단한 자부심으로 자기가 알고 있는 배우들에 대해 아는 채를 하면서 아르까지나에게 충성스러운 친밀감을 나타내면서도, 영지에 대한 관리에 있어서 고집스럽고 까다롭다. 기본적인 것 외에 조금이라도 영지 관리에 타격을 입히는 호의는 결코 누구에게도 베풀지 않는다. 부인 뽈리나와 딸 마샤의 말도 소용이 없다. 뽈리나를 사랑해서 결혼한 것이 아니라 삶의 한 과정으로 가정을 이루기 위해 결혼했기 때문이다. 그의 딸 마샤와 결혼한 사위에게도 예외는 아니어서 집으로 돌아갈 말조차 내주지 않는다. 꼬스챠가 작가로 성공했으며 도른의 병세가 악화되어 아르까지나가 영지에 들리고 그녀를 중심으로 모여서 함께 카드 놀이를 하고… 그런 모든 일들이 그에게는 그의 일상적인 삶과는 다르게, 그저 잠시 잠깐씩 예외적으로 일어났다가 지나가는 일일 뿐이다. 그의 삶의 목표는 영지 경영으로 자기 자신의 위치를 굳건히 다지는 것이다. 그 시대 급부상하던, 돈에 모든 것을 건 미래의 부르주아를 대표하는 삶이다.

뽈리나를 주인공으로 하는 줄거리

뽈리나라는 이름을 가진 주인공이 있다. 내세울 것 없는 인근 마을의 평범한 농민의 딸로서 혼기가 차 중매로 결혼했는데, 남편은 아주 인색한 일중독자다. 마음이 여리고 정이 많고 감성적인 성격이었기 때문에, 영지 경영에만 혈안이 된 남편에게 늘 일꾼 취급을 받으면서 상처를 받고 눈물이 많아졌다. 워낙 낭만적인 데다 여린 성격이어서 남편 샤므라예프에게 꼼짝을 못하면서도 그를 천박하게 여긴다. 그런 천박한 일중독자 남편에게 질린 상태에서 딸 미샤를 낳을 때 마샤를 받아주었던 산부인과 의사이며 동네에서 가장 큰 저택의 지주 아들이었던 도른을 사랑하게 되고, 그를 자신의 팍팍한 삶으로부터 도망칠 수 있는 탈출구로 여기게 된 것이다. 유부녀라는 사실과 넘을 수 없는 신분의 차이로 그저 바라만 볼 수밖에 없는 사랑이기는 하나, 워낙에 자기 감정 표현에 솔직해서 거르지 않고 바로 표현해 버린다. 끊임없이 샤므라예프로부터 벗어나고 싶어서, 원래도 멋지지만 고상하고 로맨틱하게 나이 든 도른이 좋다. 소린의 치료를 핑계로, 특히 여름이면 도른이 저택에서 살다시피하니 함께 도망이라도 치고 싶은 마음이 더한다. 뽈리나는 도른만 나타나면 샤므라예프를 피해 호시탐탐 그에게 애정 표현을 해보지만, 도른에게는 그저 자신을 좋아하는 많은 여자들 중 한 사람일 뿐이다. 여름이 되면, 남편이 관리를 해주는 영지의 지주인 소린의 여동생 아르까지나가 영지로 휴가를 오는데, 도른은 아르까지나만 오면 더더욱 자신이 안중에도 없다. 이번 여름에는 뜨리고린이라는 통속소설을 쓰는 작가 애인까지 달고 왔는데도 도른은 아르까지나만 바라본다. 질투를 하면서도 아르까지나에게 친절한 것은 아르까지나 덕분에 여름이면 도른을 매일 볼 수 있어서다. 그런데 대물림하듯 딸 마샤가 자기처럼 넘볼 수 없는 일방통행의 짝사랑을 하다가 사랑하지도 않는 메드베젠꼬와 회피성 결혼을 한다. 그리고 결혼을 하고서도 계속해서 꼬스챠만 바라보는 것이 안타깝다. 은근히 꼬스챠에게 마샤를 좀 봐주라고 부추겨보지만 꼬스챠는 배신한 니나만 바라본다. 엄마로서 그런 딸 마샤가 안타깝기 그지없다.

도른을 주인공으로 하는 줄거리

도른이라는 이름을 가진 주인공이 있다. 한때는 여섯 채의 지주 저택 중에 가장 큰 저택의 소유자였던 아버지 덕에 어린 시절에는 호화롭게 살았지만, 농민들이 도시로 계속해서 이주해 가는 변혁의 시기에 집안이 몰락하고 도른은 시골 마을의 유일한 산부인과 의사가 되었다. 10~15년 전을 전후해서까지는 그래도 지주 계층으로 유일한 산부인과 의사이다. 보헤미안적이고, 문학과 예술과 음악을 좋아하는 낭만적이며 자유로운 영혼을 갖고 있어서 여자들에게도 인기가 많았다. 의사로서의 사명감도 그리 크지 않고 돈에 대한 특별한 집착도 없어서, 남겨진 재산과 자신이 번 돈까지 모두 여행을 다니는 데 쓴다. 소린 집안과는 이웃에서 오랫동안 친하게 지내던 사이고, 그녀의 여동생 아르까지나는 어렸을 때부터 자라는 모습을 보아온 터였다. 15년 전 화려하게 여배우가 되어서 귀향했을 때부터 이미 좋아하게 되었지만, 나이 차도 많고 아르까지나는 이미 결혼을 했기 때문에 그저 여름에

휴가차 영지로 올 때마다 바라만 보다가, 소린이 퇴직을 하고 영지로 돌아온 뒤부터는 그의 주치의 노릇을 하게 되어 가까이서 친하게 지낸다. 그러나 아르까지나에게 자신은 그저 이웃에서 친하게 지냈던, 자신이 원하면 뭐든지 흔쾌하게 들어주는 오빠 소린의 주치의 정도에 불과하다. 소린 집안의 집사인 샤므라예프의 부인인 뽈리나가 그를 좋아해서 그녀에게 늘 관심을 받지만, 샤므라예프를 잘 아는 그로서는 그녀와 그녀의 딸 마샤의 처지가 딱해서 마음을 써주는 것일 뿐이다. 현재 아르까지나는 애인인 뜨리고린과 소린의 집안에 휴가차 와 있고, 그 전부터 아르까지나의 아들 꼬스챠가 대학을 그만두고 영지로 내려와 살고 있는 중이다. 아들 꼬스챠는 인근 지주의 딸 니나와 연인 사이다. 문학과 예술에 조예가 깊고 안목이 넓은 도른은 꼬스챠가 엄마에게 보여준 연극 내용에서 뭔가를 느끼고, 꼬스챠가 가진 대단히 섬세하고 문학적인 자질을 갖고 있음을 알아보고 꼬스챠가 계속해서 글을 쓸 수 있도록 독려해 준다. 그리고 자신의 안목을 증명이라도 하듯이 꼬스챠는 작가로 성공한다. 그러나 그가 경계하라고 했던 점도 맞아떨어져서 작가로서의 자신의 정체성에 자각할 즈음에 니나로부터 완전히 버림받자, 꼬스챠는 자신의 삶을 끝내고 마는데 그 상황을 직접 목격하고 만다. 그리고 그 사실을 아르까지나가 아닌 뜨리고린에게 전한다.

메드베젠꼬를 주인공으로 하는 줄거리

메드베젠꼬라는 이름을 가진 주인공이 있다. 동네의 학교 교사인 메드베젠꼬는 어머니와 두 누이동생, 남동생과 함께 살고 있으며, 그는 대단히 가족 중심적이며 소심하다. 그런 그가 자신의 집에서 6베르스타 정도의 거리에 있는 호숫가 소린 영지의 집사인 샤므라예프의 외동딸인 마샤를 사랑하게 되어 매일 그 먼거리를 오가며 소린 저택을 들락거리게 된다. 저택에는 할 일 없는 귀족 노인 소린과 그의 조카인, 한때 유명했던 여배우 아르까지나의 아들 꼬스챠가 대학을 그만두고 영지로 돌아와 극작을 습작하면서 살고 있다. 메드베젠코가 마샤에게 청혼 기회를 노리던 중, 마침 꼬스챠의 어머니인 여배우 아르까지나가 그녀의 애인인 통속소설 작가 뜨리고린과 함께 영지로 여름휴가를 오고, 꼬스챠는 아르까지나와 뜨리고린을 비롯해 친하게 지내는 이웃들을 초대해서 사랑하는 연인 니나를 주인공으로 해서 자신의 습작 희곡을 공연한다. 제일 신난 것은 메드베젠꼬 자신이다. 그 역시 초대를 받고 공연을 관람하게 되었다. 꼬스챠가 연극을 올리는 날을 기회로 결심 끝에 마샤에게 청혼을 하지만, 마샤는 그의 사랑을 받아들이지 않는다. 그런데 공연 중 일어난 모자간의 말다툼으로 공연은 중단되고, 마샤가 그런 꼬스챠에 대해 걱정하는 것이 보인다. 꼬스챠에게 지극정성인 것을 보면 마샤가 그에게 관심이 있는 것 같다는 생각이 들기도 했지만, 꼬스챠가 근처 지주의 딸인 니나와 사랑하는 사이인 것을 알고 있는 메드베젠코는 크게 개의치 않고 구애를 포기하지 않는다. 결국에는 마샤와의 결혼에 성공하고 아이까지 낳게 된다. 그에게는 이제 아이가 가장 중요한 삶의 이유다. 하지만 여전히 꼬스챠만 바라보는 마샤는 아이에게 소홀하다. 결혼한 이후로도 여전히 소린의 저택을 오간다. 2년 만에 소린의 병세 악화로 아르까지나가 뜨리고린과 함께 영지로 돌아오자, 마샤는 저택에서 아예 집으로 갈 생각을 하지 않는다. 집으로 돌아가 아이에게 젖을 줄 것을 호소해 보지만 그녀는 꿈쩍도 하지 않는다. 장인인 샤므라예프는 사위가 힘들게 6

베르스타나 되는 거리를 걸어서 오가도 결코 말을 빌려주는 법이 없다. 아르까지나를 환영하는 파티가 열리는 오늘도 마찬가지다. 말을 했지만 소용이 없었다. 곧 있을 파티를 즐기고 싶은 마음도 있지만, 그보다도 마샤와 함께 집으로 가고 싶었던 메드베젠꼬는 누구도 그를 붙들지 않자, 포기한 채혼자 집으로 돌아간다.

소린을 주인공으로 하는 줄거리

소린이라는 이름을 가진 주인공이 있다. 작가가 되고 결혼을 하는 것이 꿈이었지만, 결혼도 못한 채 작가가 아닌 4등 문관으로 28년을 재직한 뒤 퇴직한 연금 수령자이자 영지와 저택의 주인. 그러나 영지 관리는 완전 문외한이며 회계도 잼병이라서 영지 관리를 잘하는 샤므라예프에게 꼼짝 못한다. 영지에서는 자신이 할 일이 아무것도 없다. 도시에서 귀족이며 관리로 누리면서 살던 몸에 밴 습관 때문에 계속 도시에서 살기를 희망하지만, 몰락해서 영지만 남아 갈 곳이 없으니 마지못해 영지를 지키면서 살고 있다. 사람은 일을 하다 그만두면 늙는 속도가 빨라진다. 그는 점점 마음의 병을 앓게 되고, 그러니 자존감도 잃어가고 노화가 급격하게 진행되고 있는 외로운 노인네다. 그래서 꼬스챠를 기꺼이 돌봐주고, 여동생인 아르까지나가 해마다 영지로 여름휴가 오는 것을 대단히 반긴다. 이번 여름에는 아르까지나가 통속소설 작가 뜨리고린과 함께 영지에 휴가를 왔다. 17살이나 나이 차이가 나는 여동생 아르까지나를 마치 부모가 그러하듯 무조건적으로 사랑하기 때문에 동생의 손님에게도 지극하다. 그 여동생의 아들인 꼬스챠에게도 역시 마치 아버지가 아들에게 주는 것과 같은 사랑으로 품어주며, 꼬스챠의 사랑도 응원하고, 꼬스챠와 아르까지나 사이의 오래된 갈등을 진심으로 안타까워한다. 결국 그 갈등에 기름을 붓는 사건—꼬스챠의 연인이라고 생각한 니나가 통속소설 작가 뜨리고린을 사랑해서 질투에 눈이 먼 꼬스챠가 자살소동을 벌이고 결투신청은 한 것—으로 모자 사이에 갈등은 골이 깊어지고, 아르까지나는 휴가 도중에 떠나버렸다. 그 뒤 꼬스챠는 작가가 된다. 소린은 한때 자신이 작가가 되려고 했던 적도 있어서 꼬스챠를 더 귀하게 여기게 되고, 오직 꼬스챠에게만 기대서 산다. 2년의 시간이 흐르고 니나가 동네로 돌아와 여관에 묵고 있다는 소식을 마샤로부터 들은 소린은, 2년 전 니나로 인해서 꼬스챠가 자살하려던 사건의 기억으로 꼬스챠에 대한 걱정으로 병세가 더 심해진다. 그리고 그의 주치의나 다름없던 도른은 그런 저간의 사정은 모른 채로 소린의 병세가 심해지자, 그의 여동생 아르까지나를 영지로 불러들인다. 그리고 아르까지나는 뜨리고린을 불러들인다. 그렇게 다시 모두가 모인다. 그런 일련의 상황들로 꼬스챠에 대한 소린의 걱정은 더 커지고, 불길한 예감 때문에 꼬스챠와 함께 자겠다고 우긴다.

2. 중심 주제 찾기

중심 주제를 찾기 위해 먼저 해야 할 작업은 줄거리를 핵심만 드러나게 요약하는 것이다. 스토리텔링이 빛을 발하는 지점이다. 줄거리로부터 작품 전체를 관통해서 중심 주제를 찾고 목표를 세울 수 있기 때문이다. 나는 연출가의 관점으로 정리해 놓은 줄거리와 각 배역들과의 긴 대화를 통해서 정리한 줄거리까지 통합해서 다음과 같이 줄거리를 간략하게 요약 정리했다.

'사랑 없이는 살 수 없는 네 여자와 여섯 남자가 각각 서로 다른 방식의 사랑으로 얽히고설킨 사랑과 행복의 조건으로서의 사랑과 일과, 인생의 가치 있는 일로서 예술에 대한 이야기'

중심 주제를 찾는 것은 중요하다. 줄거리를 한 문장으로 정리할 수 있으면 중심 주제는 쉽게 찾아진다. 오순택 선생님 제자들의 글을 보면, 오순택 선생님 역시 줄거리를 간략하게 정리하는 것의 중요성을 강조하셨다는 것이 확인된다.

"학생들의 장면 발표를 보시고 선생님이 가장 먼저 질문하는 것 중의 하나가 바로 장면의 줄거리에 관한 것이다. 아주 쉬운 질문 같지만 의외로 대답을 잘 못하는 학생들이 많다. 대다수의 학생들이 이렇게 답한다. '알고는 있는데 문장으로 잘 표현이 안 되네요….' 문장으로 단순히 정리하지 못한다는 것은 자신이 어떤 이야기를 해야 할지를 정확히 잘 모른다는 것이고, 이 경우 대개 연기를 막연하게, 그래서 결과적으로 상투적인 연기를 하게 될 확률이 높다. 줄거리를 짧은 문장으로 정리하는 훈련은 연기를 더욱 더 명확하게 해주는 좋은 연습 과제이다. 선생님께서는 그 다음으로, 그렇다면 '장면의 핵심(essence)은 무엇인가?'에 관해서 질문하신다."

오순택, 『칼을 쥔 노배우』

'줄거리 정리'의 중요성 때문에 조금 긴 이야기를 그대로 옮겼다. 믿어지지 않겠지만, 「갈매기」 작업에 참여한 배우들과 줄거리 정리를 하는데 한 사람당 최소한 2시간 이상씩 걸렸다. 오순택 선생님 제자들이 그랬던것 처럼 이미 프로로 자처하는 배우들이 "알고는 있는데 문장으로 잘 표현이 안 되네요…"라고 했다. 그리고 중요한 사실을 알았다. 그렇게 오래, 학교 교육 내내 배운 줄거리 정리인데, 실제로 배우들이 그 필요성은 물론 방법도 정확하게 모르고 있었다. 지금 이 이야기가 이 글을 접하는 모두에게 해당될지도 모르겠다. 우리 교육 현실이 만들어낸 결과다.

중요한 사건을 중심으로 초등학교 때부터 공부하는 줄거리 요약 방법, 육하원칙에 의해서 정리하면 되는 간단한 그 작업을 하지 않고 작품 이해 작업을 했다는 것이다. 공중누각이다. 심지어는 프로라고 하는 배우들조차, 아니 프로배우들은 더 안 한다는 사실이다. 놀랍다. 정말 무슨 학교 교육이 이렇게 무용한지, 어이가 없다. 자만이라면 그 자만 때문에 망할 것이지만, 무지를 인정하지 못하는 무감각이라면 스스로 깨어날 수 있기를 바란다. 공중누각은 반드시 '폭삭' 내려앉게 된다. 제발 원칙과 기본이 지켜지는 작업의 중요성을 자각하자.

어쨌든, 우리 이야기로 돌아와서 위의 글 마지막에 오순택 선생님이 질문했던 장면의 핵심은 바로 '중심 주제'이다. 줄거리를 올바르게 정리하면 중심 주제를 제대로 찾아낼 수 있다. 줄거리는 반드시 간략하게 정리할 줄 알아야 한다. 그래야 중심 주제가 도출된다. 그래서 연출가 또한 작품의 줄거리를 다시 간략하게 정리해내야 한다.

연출가의 질문: 작품 전체를 관통하는 중심 주제를 찾는 것이 중요한 이유는?

대답 혹은 해결: 줄거리로부터 중심 주제를 찾아내서 요약해라. 배역의 관점으로 정리한 줄거리로부터 찾아낸 중심 주제는 배역의 목표를 명확하게 해준다. 당연히 연출가에게도 마찬가지로 적용된다. 연출가로서 생각하는 중심 주제는 작품 전체를 통합하는 주제라야 한다. 각 배역의 줄거리를 통합해서 찾아야 한다. 연출가가 정리한 작품의 중심 주제는 초목표로 이어지기 때문에 중요하다. 중심 주제가 어떻게 '초목표'로 이어지는지 구체적으로, 상세하게 확인해보자.

■ 중심 주제와 초목표의 상관성

초목표는 작품 전체의 주된 목표로서, '단위와 목표'와 함께 스타니슬랍스키의 시스템에서 핵심적이고도 중요한 작품 이해 방법이다. '단위와 목표'에서 '논리적이고 일관된 줄기'를 형성하며 '초목표'라는 하나의 큰 목표로 통합되어가는 과정이 제대로 찾아진다면, 배우들에게 극의 구조를 보여주고 인물을 자신감 있게 연기할 수 있게 하는 확고한 기반을 준다. 그러므로 단위와 목표, 그리고 초목표에 대해 제대로 이해한다면, 초목표는 배우를 극과 역할의 가장 핵심적인 부분으로 곧장 이끌어줄 수 있다. 초목표와 중심 주제는 매우 긴밀하게 연결된다. 초목표에 대해 가장 정확하게 이해한 미하일 체홉이 요약한 설명이 우리에게 도움이 될 것이다.

"작가의 작업에 영감을 불어 넣은 주도적인 사상이며 작가의 문학 작품 안의 라이트모티브(leitmotif, 반복적으로 나타나는 주제)다."

핵심은 '주도적인 사상'이라는 점과 '반복적으로 나타나는 주제'에 있다. 라이트모티브라는 말을 기억해두기 바란다. 작품 이해에 엄청나게 필요하다. 특히 「갈매기」에서는 더 말할 것도 없이 중요하다.

현실적으로 우리 작업에서 초목표를 올바르게 찾아서 결정하는 일은 쉽지 않다. 대단히 막연해 한다. 스타니슬랍스키 역시 인물들의 초목표를 찾는 어려움에 대해서 '길고 힘든 작업'이라고 했다. 알맞은 초목표를 찾기 위해서 많은 오류를 거치고 틀린 초목표를 버리는 과정을 거쳐야 되기 때문에, 심지어는 작품을 무대에 올려보고 난 뒤거나 '관객들의 명확한 반응을 얻은' 뒤에 올바른 초목표가 찾아질 수도 있다고까지 했다. 그러나 미하일 체홉은 수년간 실험해 본 결과, 배우가 처음부터 역할의 목표에 대해 아주 잘 알고 있어야 한다고 충고한다. 그 이유를 배우가 단위 나누기로 찾은 단위의 모든 목표를 실수 없이 '논리적이고 일관된 줄기'로 초목표로 합칠 수 있어야 되기 때문이라고 하고 있다. 동의한다.

그런 이유로 나 또한 인물의 목표와 초목표를 올바르게 찾아서 실제적인 작업을 시작하는 것이 옳다고 확신하고 있다. '인물의 중심 주제'를 제대로 잡으면 그 중심 주제가 초목표로 이끌어준다. 인물을 주인공으로 해서 줄거리를 잘 정리하면 인물의 중심 주제가 제대로 보인다. 그러므로 줄거리를 잘 정리하는 능력(생각의 근육)을 길러야 한다.

연출가의 질문: 한국에서 공연되는 「갈매기」가 재미 없는 이유, 즉 실패하는 이유가 뭔가?

대답 혹은 해결: 체홉 희곡의 상연이 실패하는 주된 이유 중 한 가지는, 희곡의 줄거리를 주인공에만 초점을 맞춰서 정리하는 데 있다. 「갈매기」 경우는 대체로 니나와 뜨레쁠레프의 비극적인 사랑과 이별, 그리고 죽음의 관점으로 정리한다. 이렇게 두 주인공에게 초점을 맞춰서 줄거리 정리를 하면 공연이 너무 단조롭고 무거워진다. 단조롭고 무거워진다는 것은 지루해진다는 의미이기도 하다.

연출의 작업은 끝까지 '보이지 않는 작업'이다. 무대에 상연된 공연을 빙산이라고 비유할 때, 공연의 결과물인 무대에서 배우의 연기는 물 밖으로 드러난 부분이다. 물에 잠겨있는 빙산 부분은 바로 배우와 연출의 보이지 않는 작업의 양과 깊이에 달렸다. 연출가는 작품의 목표와 방향이 분명한 상태에서 배우와 만나야 한다. 배우 역시 자기 배역에 대해 자기 생각을 분명히 한 상태에서 연기를 할 수 있다고 판단될 때, 그 작품과 인물에 도전해야 한다. 그런고로 '배우의 역설' 기술로 '거꾸로' 생각해보자.

안톤 체홉은 「갈매기」의 특징을 다음과 같이 정의했다.

"코미디, 세 명의 여자 배역, 여섯 명의 남자 배역, 4막, 풍경(호수를 배경으로 함), 문학에 대한 많은 대화, 움직임이 적음, 다섯 푼짜리 사랑 이야기다."

체홉의 의도를 충분히 이해하고 작가가 중요하게 생각했던 특징을 살려 내는 노력만 해도 만족할 만한 성과를 거둘 수가 있다. 연출자와 배우들의 충분하지 못한 준비 역시 상연 실패의 주된 원인으로 꼽힌다. 그러므로 작가의 의도를 토대로 하는, 배우와의 충분한 준비 — 작가의 의도를 충분히 간파해서 그에 따른 작품 탐구와 인물 탐구를 하라는 것이다.

「갈매기」의 모든 인물은 모두에게 각각의 의미가 부여되어 있다. 그러므로 '인물들 각각의 삶(내면세계, 가치관)의 의미와 당대의 시대정신을 포착했느냐, 현재 우리의 삶과 시대정신과 어떻게 부합하느냐'의 문제를 해결했는가 여부가 공연 성공의 관건이다. 표면적으로 드러나지 않는, 그래서 옷을 뒤집듯 뒤집어야 보이는, 인생의 비밀을 푸는 기호들이 있다. 명확하게 드러나지 않는 등장인물들 사이의 미묘한 심리적인 갈등이 있다. 그것들을 찾아내서 배우의 연기로 드러내는(표현하는) 작업에 성패가 달렸다.

거듭 말하는데, 고전을 공연으로 만드는 과정은 충분한 준비가 필요하다. 특히 체홉의 희곡들은 더욱 그렇다. 인문학적 내공 없이는 체홉의 작품을 제대로 이해하는 것조차 쉽지 않다. 공연이야 더 말할 것도 없이 힘들다. 사실 그대로를 갖고 잘난 체를 좀 하자면, 러시아에서 3학년 1학기에 들었던 체홉 수업에서 교수와 대화를 할 수 있었고, 학기 말 시험 때 요약 정리한 것을 가지고 대답할 때는 놀라움 섞인 칭찬과 전폭적인 공감을 얻으면서 만점으로 통과했다. 안톤 체홉을, 그것도 한국인이 만점으로 통과할 수 있었던 것도, 입학하기 전 언어 과정 동안의 1년 반을 체홉 작품만 관극하면서 풀어냈기 때문이다. 각설하고 공연의 첫 시작을 예로 설명해 보겠다.

메드베젠꼬 당신은 왜 항상 검은 옷을 입고 다니세요?
마샤 이건 내 인생의 상복이에요. 나는 지금 불행해요.

연출가의 질문: 작가가 첫 장면을 이와 같은 메드베젠꼬의 질문과 마샤의 대답으로 시작한 이유는 무엇일까?

대답 혹은 해결: 체홉의 작품을 주의 깊게 읽으면 삶에 대해 상징적인 의미를 담고 쓴 대사들을 발견할 수 있다. 첫 시작의 대사가 대표적인 예다. 작가 체홉은 '사람은 무엇으로 사는가?' 인생에서 보편적으로 추구하는 행복에 대한 문제로 연극을 시작한다. 작가는 시작을 '검은 옷', '인생의 상복', '불행', 이 세 단어에 상징적인 의미를 담아서 시작한다. 불행의 반대 단어는 행복이다. 메드베젠꼬는 '돈'이 행복의 조건이라고 생각한다. //마샤에게는 사랑이 없다면 죽은 인생과 다름없다. 마샤에게 인생은 곧 사랑이며, 사랑이 곧 행복인데 평생 이루지 못할 사랑을 하고 있으니 불행하다고 말하는 것이다. 다시 말해서 사랑이 없다면 죽은 인생이나 다름없다는 것이다. 체홉은 이렇게 검은 옷, 인생의 상복으로 시작하면서 작품의 주제와 관련된 끝을 암시하고 있다.

물론 아무리 노력해도 99퍼센트 타자인 배역을 이해하는 일은 매우 어려운 일이다. 순도 99퍼센트의 인물을 창조해내려는 배우의 노력이 있을 뿐이다. 그러므로 '타자성' 문제를 이해하고, 배역과 나를 완전하게 분리해서 Play로 생각해야 한다.

앞에서 이미 정리한 바대로, 이 작품에서는 도입부분 첫 장면의 시작이 그 첫 물꼬를 트고, 마지막 니나의 대사가 작품 전체로 흘러들어가는, 그러니까 작품의 중심 주제를 풀어주는 열쇠다.

연출가의 질문: 작가가 희곡 첫 시작 장면을 왜 메드베젠꼬와 마샤의 대사로 시작하는가? 4막도 메드베젠꼬와 마샤로부터 열고 있다. 그리고 2막, 3막 역시 각각 다른 상대역들과 마샤로부터 시작한다. 왜?

대답 혹은 해결: 작가 안톤 체홉은 인간이 살아가는 기본적인 힘을 행복 추구로 보며, 행복의 조건은 일과 사랑이라고 본다. 그런데 어떤 사랑이냐의 문제다. 사랑하고 사랑받고자 하는 것은 인간의 본능이다. 사랑이 없으면 인간은 살 수가 없다. 특히 자기 자신에 대한 사랑과 자기 삶에 대한 애정이 없다면, 인간은 정상적인 삶을 살아낼 수가 없다. 일도 마찬가지다. 일이 없이 삶을 살아내는 것 역시 불가능하다. 그런데 어떤 일이냐의 문제다. 자신의 가치를 실현해낼 수 있는 일이라야 한다. 이러한 중심 주제를 드러내기 위해서 다양한 사랑의 형태를 씨실 날실로 엮어내고 있는 것이다. 마샤와 연결된 시작으로 모든 막을 여는 상징적인 의미 역시 작가가 의도하는 주제(자기 자신의 자유의지로 사는 것)를 부각시키는 장치라고 생각된다. 인생을 마라톤이라고 생각해보자.

<1막>

1막을 한 단위로 볼 때, 1막의 중심 주제는 인생의 조건 행복, 행복의 조건으로서의 돈과 사랑의 문제를 다루고 있다. 돈의 첫 번째 대표주자는 메드베젠꼬//사랑의 첫 번째 대표주자는 마샤다. 사랑이 없다면 죽은 거나 다름없다는 것을 상징하는 '검은 옷, 인생의 상복, 불행'에 주제와 연결되는 답이 있다. 마샤에게는 '인생=사랑=행복'이다. 계급 차이로 인해 꼬스챠와의 사랑은 이루어질 수 없다. 결국 현실을 선택해서 메드베젠꼬와 결혼을 했어도 사랑이 없으니 행복하지 않다. 그러니 이루어지지 않을지라도 변함없이 꼬스챠를 쫓는다. 그것이 그녀의 삶의 의미인 것이다. 숨겨진 조건(일과 사랑) 역시 중요하다. 꼬스챠가 자신의 희곡을 처음으로 연극으로 올리고, 니나가 배우로서 처음 경험하는 사건이 그것이다.

<2막>

아르까지나가 마샤를 옆에 세워 자신과 마샤가 어떻게 보이는가를 비교하는 장면으로 시작한다. 왜? 작가의 의도가 무엇이겠는가?

작가는 2막에서 일과 사랑을 대비시키면서 행복의 조건에 대해 이야기한다. 소린의 대사로도 반복 확인된다. "저 불쌍한 애는 인간으로서의 행복이 없다." 2막에서 일을 하고 있는, 그것도 열심히 하고 있다고 생각하는 첫 번째 대표주자는 아르까지나다. //일을 하지 않는다고 비교되는 대표주자가 다시 마샤다. 일과 사랑은 인간에게 자신의 자존감을 높이는 데 매우 중요하다. 자신이 일을 열심히 하면서 산다고 생각하는 사람은 '빈둥거리며 할 일 없이 사는 사람'을 좋아하지 않는다. 그래서 아르까지나는 마샤를 한심하게 생각하는 것이다. 여기서 작가는 자기 일을 하고 있으면서 누구한테나 사랑받아야만 직성이 풀리는 아르까지나//자기 일도 없으면서 보답

받지 못하는 목숨 같은 사랑을 하는 마샤. 더 구체적으로 표현하면, 사랑하는 단 한 사람에게도 사랑받지 못하는 마샤의 부족하고 어두운 사랑과//많은 사람에게 사랑받으면서 사랑을 소유하는 것으로 생각하고 그 사랑을 과시하면서(소린의 대사로 알 수가 있다) 정작 자신은 상대를 진실 되게 사랑하지 못하고 오직 받기만 하려고 하는 아르까지나의 이기적이고 가볍고 과한 사랑을 비교하면서, 사람마다 다른 형태의 사랑을 보여줌으로서 이 작품의 주제와 관련된, 마지막 니나의 선택을 부각시키려는 의도가 있다. 이 장면에서 중요한 것은 아르까지나//마샤, 두 사람의 서로 상반된, 즉 대조적인 사랑과 인생이다.

2막에서 놓쳐서는 안 되는, 일에 대해 반복되는 핵심 모티브가 한 가지 더 있다. 일은 일인데 어떤 일인가? 작가가 가치 있다고 생각하는 일은 좀 더 가치 있는 일이다. 그 일의 두 번째 대표주자는 뜨리고린이다. 작가는 특히 인간이 자신의 자존감을 높이는 일로서, '말, 말, 말'을 쓰는 '예술과 문학'을 뜨리고린이 니나에게 하는 대사를 통해서 전면에 내세운다. //뜨리고린의 일과 비교되는 일의 대표주자는 샤므라예프다. 샤므라예프의 일은 오직 노동을 위한 일, 더 구체적으로는 부의 축적을 위한 일에 불과하다.

<3막>

다시 마샤로부터 막이 시작된다. 중요한 것은 선택이다. 계기는 꼬스챠의 자살소동이다. 마샤는 꼬스챠의 자살 소동으로 쇼크 상태다. 역시 대조적인 선택. 사랑이라는 지점에 있어서, 마샤의 선택//니나의 선택이 갈라진다. 마샤는 자신이 사랑하는 꼬스챠 대신에 자신을 사랑하는 메드베젠꼬를 선택했다. 혼자 서는 것보다 현실을 택한 것이다. 그래서 니나의 숨겨진 선택이 중요하다. 니나는 사랑은 물론 집으로부터의 독립, 즉 자기 일(배우)을 시작한다. 마샤는 자기 일이 없다는 데 차이가 있다. 이러한 선택의 골인 지점이 마지막 4막에서 니나의 대사로 표현된다. 니나는 일과 사랑 모두에 있어 자신을 선택한다. 작가의 의도는 마샤의 안주하는 도피적인 사랑과//과감히 도전해서 자신의 사랑을 선택하는, 현실에 안주하지 않고 스스로 선택한 사랑에 책임지며, 결국 자신의 삶과 인생의 가치를 깨닫고 자기의 길을 선택하는 니나의 삶과 사랑에 비교하면서 관객에게도 '어떤 사랑을 선택해야 하는가?'에 대한 근본적인 질문을 하고 있다. 결과적으로 4막에서 니나는 스스로 선택했던 일과 사랑이었기에 스스로 책임지는 선택도 할 수가 있게 되는 것이다.

<4막>

4막에서도 전체 초목표로 연결되는 중심 주제는 선택이다. 마샤가 선택한 결과로 시작된다. 그러나(//) 숨겨진 니나의 선택이 더 중요하다. 사실은 마샤의 첫 대사, "소린이 꼬스챠를 찾는다"는 그 말에 숨겨진 선택(즉 4막 전체의 계기)이 있다. 니나의 귀향이다. 자신의 현재를 점검하기 위한 귀향이다. 이 선택은 결국 작품 전체의 중심 주제와 연결된다. 사랑 역시 마찬가지다. 마샤의 현실적인 선택, 안주와 도피로 선택한 결혼, 그러나 결혼을 했어도 꼬스챠에 대한 채워지지 않은 사랑은 여전히 남아 있어서 마샤는 이도 저도 아닌 희망 없는 사랑에 매여 있는, 정체상태다. //그런 반면에 니나의 사랑은 앞으로 나아가는 사랑이다. 사생활과 배우 생활 모두 실패하고 불행의 나락으로 떨어진 니나는 자신을 정리하기 위해, 지방으로 공연을 가기 전 잠시 고향에 들렀다. 고향에서 자신에 대해 깊이 생각하는 도중에 뜨리고린이 왔다는 소식을 듣는다. 아직 남아 있는 미련 때문에 그를 보려고 저택을 서성이다 하필이면 뜨리고린이 아닌 꼬스챠를 만나게 된다. 그와의 대화 중에 뜨리고린을 여전히 사랑하지만 불행한 지금의 자신과 예전 꼬스챠와 행복했던 기억을 되살리며 지금도 자신을 잊지 못하고 있는 꼬스챠의 변함없는 사랑에 잠시 흔들린다. 그러나 니나는 그 사랑에 기대지 않는다. 오히려 자신이 선택해야 할 삶의 가치를 깨닫는다. 결국 니나는 뜨리고린도 꼬스챠도 아닌 자신에 대한 사랑과 자기 인생의 가치인 여배우로서의 사명(진실)을 선택하고 미래를 향해 발걸음을 옮긴다. 그리고 그 선택이 꼬스챠의 자살을 불러오고 막이 내린다.

연출가의 질문: 각 막의 중심 주제는?

대답 혹은 해결: **<1막>** 중심 주제가 되는 단어는 **'행복과 불행'**이다. 인간의 삶의 조건인 행복에 있어서 행복의 조건이 '사랑이냐//돈이냐'다. **<2막>** 중심 주제가 되는 단어는 **'일과 예술'**이다. 인간의 삶의 조건인 일에 있어서 '명예와 성공//그 일의 가치'냐의 문제다. 예술과 일상적인 일을 대비시키고, 예술의 가치를 말한다. **<3막>** 중심 주제가 되는 단어는 **'선택'**이다. 사랑으로 '얽히고설킨' 주인공 각자의 선택을 보여줌으로서 인간 자신의 선택의 문제라고 말한다. **<4막>** 마지막 니나의 선택 **'자기 자신으로 사는 것'**의 중요성을 꼽을 수 있다.

연출가의 질문: 작품 전체 중심 주제는?

대답 혹은 해결: 작품 전체를 관통하는 라이트모티브(leitmotif, 반복적으로 나타나는 주제)가 되는 가장 큰 주제는 **'한 사람이 자신의 인생**(인간이 사는 것)**을 막아서는 삶**(예술가로서의 삶을 포함해서)**의 고통을 극복하고 궁극적으로 행복해지는 힘은 무엇인가?'**의 문제로서 **'일과 사랑과 인생의 가치'**에 대해서다. 그런데 누구를 위한 일과 사랑인가? 가치 있는 일이란 무엇인가?

사랑하고 사랑받고자하는 것은 인간의 본성이다. 작가는 각각의 다른 형태의 사랑과 선택을 보여주고, 그들 사랑 중에서 특히 사랑을 잃고 자신을 버리는 꼬스챠와//고통과 성숙을 통해 자신의 사명을 지고 자기의 길을 가는 니나의 상반된 선택을 통해 그 어떤 사랑보다 더 큰 사랑은 자신을 사랑하고 자신의 삶의 가치를 아는 것임을 말하고 있다.

인생의 가치는 인간에게 행복을 추구해야 할 권리가 있다는 사실과 관계가 깊다. 안톤 체홉은 가치 있는 일과 행복을 추구해야할 권리에 대해서 '예술'과 '자기 자신'을 연결시키면서 라이트모티브로 반복한다. 누가 안톤 체홉의 희곡에 플롯이 없다고 말하는가?

3. 목표 세우기

연출가가 작품의 목표를 세우는 것과 배우가 배역의 목표를 세우는 것은 분명히 다를 수 있다. 연출가가 세우는 목표는 작품 전체를 관통하는 목표라야 한다. 작품의 중심 주제를 통해서 작품 전체의 초목표를 세워야 한다. 배우가 세우는 목표는 스토리텔링을 해보는 가운데 반복되는 중심 주제를 찾아내서 배역의 목표를 찾고 연기 목표를 세우는 것이다.

작가가 인물을 통해서 표현하고자 하는 메시지가 중심 주제를 찾는 데 중요한 열쇠가 된다. 배역을 통해서 반복되는 중심 주제(라이트모티브)는 배역의 목표로 연결된다. 그리고 배역(인물)의 목표는 인물의 초목표로 배우를 이끌어낸다. 인물의 목표와 초목표를 올바르게 세워야 배우 작업의 핵심 과제인 연기의 뷰포인트가 되는 분명한 행동을 찾을 수가 있다. 이 때 배우가 자기 배역에게 던져야 할 것은 '막이 내려간 후 관객이 경험하는 심리적 결과를 보여 달라'고 요구하는 것이다.

연출가의 질문: 작가가 그 인물을 통해서 전하려는 메시지는 무엇인가?
대답 혹은 해결: 당연히 희곡에서 찾아야 한다. 연기로 보여야 하기 때문에 대사에서 찾아야 하는 것이다. 소린 역을 예로 들면, 그의 대사에 작가가 전하고자 하는 메시지가 있다. 미하일 체홉이 요약했던 작품 안의 라이트모티브를 찾으면 된다. 소린의 대사에 계속해서 중요하게 반복되는 '중심 메시지'는 후회다. 소린은 한마디로 '후회'의 아이콘이다. 특히, 1막과 4

막에서 똑같이 반복되는 대사를 통해서 인물의 목표를 잡을 수가 있다. 먼저 1막의 소린 대사를 보라.

> 소린 난 작가가 좋아. 옛날에 하고 싶은 게 딱 두 가지가 있었는데, 결혼하는 거랑 작가가 되는 거, 결국 둘 다 못했지. 어쨌든, 작가가 된다면 정말 멋질 거야. 유명해지지 않아도 말이야.

소린의 이러한 후회의 감정은 특히 4막에서 더 구체적으로 반복해서 드러난다.

> 소린 꼬스챠에게 소재를 주고 싶어. 단편소설의 소재. 제목은 '뭔가를 하려고 했던 사나이, L'homme qui a voulu' 내가 젊었을 때는 작가가 되고 싶었는데, 결국 못됐지. 말도 멋있게 하고 싶었는데, 그것도 안 되더라고. 이런 식이지! (자기를 흉내낸다) '저 그게, 그러니까, 그런데, 그렇지만…' 뭘 보고해야 될 때도, 끝을 못 냈지. 땀만 뻘뻘 흘리면서 계속 같은 말만 반복했어. 결혼도 하고 싶었는데, 결국 못했고. 도시에 살고 싶었는데 지금 여기에 있고. 시골에서 인생 종치는 거지.

소린을 통해서 작가가 전하는 메시지는 '인생은 내 맘대로, 내가 원한다고 다 되지 않는다' 정도이다. 반복되는 중심 주제는 후회다. '왜 내가 살고 싶은 대로 살지 못했을까? 왜 내가 하고 싶었던 일을 하지 못했을까? 다시 살고 싶다.' 대다수가 인생을 살고난 뒤에 그런 후회를 많이들 한다. 그런 이유로 소린 역시 그러한 사람들을 대표하는 주인공이 되는 것이다.

  연출가의 질문: 서로 다른 각각의 주인공들의 인생, 그들이 '인생의 가치'로 각각 추구하는 것을 통틀어서 생각할 때, 우리의 인생에서 진정으로 추구해야 하는 것이 무엇인가?

  대답 혹은 해결: 작가는 먼저 '행복 추구'에 대해서 말한다. '행복의 조건'은 각각의 인물들 모두에게 다르다. 살아가는데 있어서 돈이 없어 불행한 메드베젠꼬와 사랑이 없어서 불행한 마샤의 만남 장면을 시작으로 해서 먼저 행복의 조건이 무엇인가를 질문한다. 행복에 대해 생각할 꺼리(화두)를 던져놓는다. 삶에 있어서 행복은 인류의 보편적인 화두다. 행복에 대해 생각해보지 않는 사람이 과연 있을까? "모든 인간은 행복을 추구한다" 아리스토텔레스가 『니코마코스 윤리학』에서 한 말이다. 아리스토텔레스로부터 시작해서 현대 철학자들에 이르기까지, 수천 년의 인류 역사가 흐르는 동안 '행복론'에 대해 쓴 철학자가 얼마나 많은가? 명언이 된 말들을 생각해보라. "배부른 돼지가 되는 것보다, 배고픈 소크라테스가 되는 것이 낫다"와 같은. 행복이란 시공을 초월해서 인류가 포기하지 못하는 가치 가운데 하나이기 때문이다. '행복과 행복의 조건'은 안톤 체홉 작품의 화두 중의 하나이기도 하다.

  희곡 「갈매기」 첫 시작이 행복/불행의 대조다. 마샤의 첫 대사를 다시 보자.

  마샤 내 인생의 상복으로 입은 거예요. 난 불행하거든요.

중요한 단어는 '인생, 상복, 불행'이다. 인생이 불행하기 때문에 상복을 입는다는 것이다. 행복하지 않다면, 그 인생은 죽은거나 마찬가지라는 의미다. 그리고 작가는 다시 메드베젠꼬에게 던지는 마샤의 대사를 통해서 묻는다. 행복의 조건이 무엇이냐?

마샤 선생님은 맨날 돈 얘기만 하시잖아요. 선생님한테는 가난이 가장 큰 불행이겠지만, 저는 차라리 누더기를 걸치고 길바닥에서 구걸하는 게 천만 배는 쉽다고 생각해요, 내가… 아니다. 선생님은 이해를 못하실 거예요.

위의 대사에서 우리가 찾을 수 있는 행복의 조건에 대해서 정리를 해본다면, 마샤의 행복의 조건은 사랑이고, 메드베젠꼬의 행복의 조건은 돈이다. '행복=사랑//행복=돈' 관객들, 당신은 어느 쪽인가? 우리는 작가가 던진 화두에 대해서 다시 질문해보고 다시 곰곰이 생각해봐야 한다.

연출가의 질문: 1막에서 던져준 화두(행복의 조건=사랑/행복의 조건=돈)를 갖고 팀을 나누어서 토론을 벌여보라. '행복의 조건이 돈인가?//사랑인가?'

대답 혹은 해결: 무승부였다. 양 팀 모두 어느 하나로 결정을 내리지 못했다. 돈 없이 행복할 수 없다. 사랑이 없어도 행복할 수 없다. '만일' 나에게 묻는다면, 나는 '지금, 여기'에서 내가 하고 있는 일의 가치를 얘기하겠다. 내가 '지금' 안톤 체홉의 「갈매기」를 읽는다는 것, '여기' 내가 만든 작은 극장에서 그 작품의 주인공들을 연기할 배우들을 만나고 있다는 것, 이것이 내 일의 가치다. 두 달 뒤에는 연극으로 올라갈 것이 아닌가. '아, 근사한 일 아

닌가?' 체홉을 읽는다는 것은 '그런 것'이다. 아직, 배우들은 자신들이 '지금' 어떤 일을 하고 있는지, 체홉이 '무엇'을 말하고 있는지 모르는 것이다.

작가가 두 번째로 던져주는 화두는 '일'이다. 그 질문으로 2막을 연다. 2막을 열면서 마샤와 자신을 비교하는 아르까지나의 대사를 확인해보라.

아르까지나 (마샤에게) 자, 잠깐 일어나봐. (두 사람 선다) 여기, 바로 내 옆에. 니가 어떻게 되지? 22살? 그럼 내가 거의 두 배네. 선생님, 누가 더 젊어 보여요?

도른 당신이죠… 당연히요.

아르까지나 봤지? 왜 그럴까? 왜냐하면 나는 늘 일하고, 인생을 완전히 사용하면서 끊임없이 바쁘게 지내거든. 근데 너는 아무것도 안하잖아. 여기 이렇게 가만히 앉아 있기만 하지. 그건 삶이 아니야. 나한테는 원칙이 있어. 미래에 대해서는 절대로 생각하지 않는 거야. 내 나이에 대해서도 생각하지 않고, 죽는다는 것도 생각하지 않아. 무슨 일이든지 벌어지게 되면 벌어지는 거지.

아르까지나에게 있어서 일이 행복의 조건이다. 그녀에게는 여배우로서 자신을 지키는 일이 자신을 행복하게 한다고 믿는다. 앞에서 작가가 「갈매기」의 중심 주제로 요약한 문구 중에 '문학에 대한 많은 대화'가 있었다는 것을 기억할 것이다. 2막이 아르까지나가 문학을 읽는 것으로 시작되는 것, 역시 작가의 포석이다. '돈과 사랑' 그리고 '일과 예술'로 촘촘하게 짜가고 있다. 1막에서는 꼬스챠의 연극으로 예술에 대해 형식문제를 제기했고, 이제 문학으로 시작해서 뜨리고린의 긴 대화를 통해 예술에 대한 또 다른 측면인 내용문제를 제기한다.

뜨리고린 역의 배우에게

연출가의 질문: 1. 좋아하는 작가가 누군가?

대답 혹은 해결: 뜨리고린은 작가다. 작가에게 모델이 되는 작가가 없을 리가 없다. 자신이 좋아하는 작가를 대입해서 한번 생각해보라. 예를 들어서 고골, 도스또예프스키, 카프카, 헤밍웨이, 존 스타인백 등등. 그 작가들의 작품을 읽은 사람은 그 작가의 작품으로 그 작가를 이해하게 된다. 실제로 그 작가는 그런 생각을 한다. 그 작가가 쓰고 싶었던 것은 '그런' 내용이었다. 그렇게 작가 각자에게는 우리가 그 작가를 이해하게 하는 그만의 특별한 어떤 작가의 모습이 있지 않나? 그럼 이제 자기 배역인 '뜨리고린이 지금까지 쓴 작품은 무엇인가?'를 상상해 보라. 상대 배역의 대사에도 실마리가 있다는 것을 잊지마라. 니나의 기억에 남아있는 내용을 통해서 뜨리고린이 썼을 소설을 생각해 보라. 뜨리고린이 쓰고 싶었던 작품 내용은 무엇이었는가? 2막 후반부, 뜨리고린이 니나에게 하는 긴 대사 중 끄트머리에 있는 뜨리고린의 대사에서 확인해 보라.

> 뜨리고린 나는 시민의 한 사람으로서, 이 나라와 민중을 위해서 써야 한다고 생각해요. 내가 글을 써야 한다면 그들과 그들의 고통, 그들의 미래를 위해서 써야 한다고 생각해요. 인류의 진보와 인간의 권리와, 등등 여러 가지에 대해서요.

뜨리고린은 정말이지 톨스토이, 뚜르게네프와 같은 글을 쓰고 싶은 것이다. 젊어서부터 그런 작품을 쓰고는 싶었지만, 그러나 불행하게도 그에게는 그만큼의 재능이나 상황이 주어지지 않았다. 실제로 안톤 체홉의 모델은 톨스토이였다. 물론 사할린으로 긴 여행을 다녀온 뒤, 자신 만의 길을 가기 시작했지만. 작가는 그 자신, 자신만의 단독성을 획득하기 이전의 작가로서의 삶을 이 작품 속에, 뜨리고린 배역에게 투사하고 있는 것이다.

연출가의 질문: 2. 니나를 만나고 뜨리고린은 어떤 소설을 쓰겠는가?
대답 혹은 해결: 2막 끝에 그에 대한 암시가 있다. 암시를 토대로 줄거리에 정리해 놓았다. 뜨리고린의 입장에서 상상을 해서 스토리텔링을 해보라.

연출가의 질문: 3. 꼬스챠가 죽고, 아르까지나가 절망에 빠진 뒤에 뜨리고린은 어떤 작품을 쓰겠는가?
대답 혹은 해결: 희곡의 끝을 작가의 관점으로 상상해보라. 이 질문에 대한 대답은 배우의 몫이다. 배우의 선택이기 때문에 연출가는 배우의 선택에 맡길 수밖에 없다.

연출가에 따라서 더 많은 질문을 던져줄 수도 있겠지만, 그리고 많은 질문을 바라는 배우도 있겠지만, 둘 다 희망사항이다. 연출도 배우도 스스로 생각해야 한다. 각자의 몫이다. 분명한 것은 과학자도 그렇고, 예술가도 그렇다. 언제나, 항상, 예외 없이 위대한 창조와 발견이 질문에서 시작되었다는 것이다.

연출가의 질문: 체홉 작품이 21세기에도 여전히 새롭게 창조되는 까닭은?

대답 혹은 해결: 안톤 체홉의 단독성 '1, 2, 3' 때문이다.

■ 안톤 체홉의 단독성

단독성 1

인간과 인간의 삶(일과 사랑)에 대해 보편적인 진실을 포착해냈다는데 있다. 예를 들어 「갈매기」 전체 내용에는 인생, 시대와 국가에 상관없이 인류의 공통된 주제, 인간이 삶에서 추구해야 하는 것이 '행복'인가?//가치 실현인가? 그 문제를 반복해서 중심 주제로 다루고 있다.

단독성 2

예술가의 정체성 문제를 정확하게 드러내기 때문이다. 자유의지를 가진 작가는 내용이나 형식에서 자유롭다. 그러므로 진정한 작품은 내용이나 형식에서 모두 새로워야 한다. 아니 새로울 수밖에 없다. '연극적인 형식'에 관한한 체홉은 이미 반세기 이상을 앞서고 있었다. 비평의 오류 중 하나, 체홉의 「갈매기」가 전통적인 희곡의 진행 방식인 한 가지 사건이나 인물에 주목하지 않는다며 "그의 희곡 속에는 주제도 플롯도 행동도 없다. 체홉의 희곡은 '피상적인 디테일'로 구성되어 있으며, 그의 희곡들은 세계에서 가장 비극적(悲劇的)이다"라고 했지만, 대단히 잘못 파악한 것이다. 오히려 그 반대다. 체홉의 「갈매기」는 내용이나 주제 면에서 완벽하게 '부분이 전체를 반복하는 프랙털의 법칙'에 의한 플롯이 잘 직조된 희곡이다. 각 인물이 대변하는 인물 각자의 중심 주제가 부분으로서 강조되는 소린의 예를 위에서 들었던 것을 기억해보라. 또 다른 주인공, 마샤의 예를 들어보면 더 명확해질 것이다. 마샤는 자기 자신으로서 사는 것보다 사랑에 목숨을 건다. 그러면서 그 사랑에서 스스로 벗어나지 못하고 늘 도망친다. 3막에서 뜨리고린에게 메드베젠꼬와 회피성 결혼을 선택하면서 하는 대사를 보라.

마샤 이 사랑을 그만두기로 결심했어요. 뿌리 채 뽑아버릴 거예요.

그런데 4막에서 엄마인 뽈리나에게 같은 대사를 반복한다.

마샤 남편이 다른 곳에 전근갈 수도 있다고 했어요. 다른 곳으로 가게 되면, 다 지워버릴 거예요. 뿌리째 뽑아 버릴 거예요.

「갈매기」는 특히, 인물 모두의 중심 주제가 '라이트모티프 — 반복되는 중심 주제'라는 용어의 의미 그대로 그렇게 프랙털법칙으로 특히 정교하게 잘 직조된 희곡이다. 이에 대해서는 『문장//쪼개기』(미래사, 2016) 프롤로그에서도 설명한 바 있다. 빠른 이해를 위해서 여기에 좀 길게, 다시 옮긴다.

"플롯이 잘 직조된 희곡은 반드시 부분이 전체를 반복하는 프랙털 법칙을 보여준다. 우리가 흔히 말하는 플롯(plot)은 스토리에 적용된 '우주 만물의 구조'다. 잘 직조된 희곡에서 대사는 대본 전체를 반복한다. 대사는 단위 전체를 반복한다. 대사는 인물의 초목표 전체를 반복한다. 나무와 숲의 관계다. 숲을 이루려면 나무가 있어야 한다. 나무는 숲을 이루는 하나이면서 전체다.

올바르게 찾아낸 부분은 전체에 공명한다."

오순한, 「문장//쪼개기」

위에 든 예로도 충분히 수긍이 가겠지만, 「갈매기」를 더 깊이 이해해보려고 해보라. 정말 그렇다는 것을 명확하게 확인하게 될 것이다. 또 한 가지, 형식면에서도 대단히 새롭다. 먼저 예를 들어보겠다. 꼬스챠가 소린에게 하는 대사를 확인해 보라.

> **꼬스챠** 이게 바로 극장이에요! 보세요, 막이 있고요. 윙이 있고요. 오른쪽과 왼쪽, 이게 다예요. 무대 장치는 없어요. 그냥 비어있는 공간이죠. 막이 열리면 호수가 보이고, 지평선이 펼쳐지죠. 막은 정확하게 8시 30분에 올라갈 거예요. 마치 달이 떠오르는 것처럼요.

체홉이 예견한 새로운 형식이 현대 연출가 피터 브룩에 의해 실천됐다는 사실은 그야말로 놀라움이다. 피터 브룩의 저서 『빈 공간』 — 제목도 제목이거니와 책 처음에 나오는 구절을 84쪽(1~3행)에서 확인해 보라.

단독성 3

그는 단순하게 20세기 '사실주의'를 정립한 것이 아니다. '인문주의'에 입각한 새로운 세계를 연 것이다. 그의 작품에 러시아 지성인들이 열광했고, 21세기까지도 전 세계의 소위 지성적인 연극인들이 열광하는 이유다. 체홉의 사실주의를 '일상' 혹은 '인생 그대로'라고 생각하면 오산이다. 「갈매기」에서 꼬스챠의 대사를 통해 확인할 수 있다.

> **꼬스챠** 일상적인 인물? 우리는 인생을 있는 그대로 보여줘서는 안 돼. 있어야 하는 대로 보여줘서도 안 되고. 꿈속에 있는 것 같은 그런 모습을 보여줘야 돼!

왜 체홉이 위대한 작가인지, 체홉의 '단독성'에 대해서 알려주는 대목이다. 체홉은 연극만이 만들어내는 환타지가 있다는 것을 알고 있었던 것이다. 예전에 러시아에서 돌아온 뒤 수년쯤 지나서 선배들이 나에게 많이 물었다. "너는 러시아에서 공부했으면서 왜 체홉 작품은 안하니?" 같이 해보자고 청하는 선배도 더러 있었다. 러시아에서 공부하고 돌아온 사람들이 너나할 것 없이 안톤 체홉의 작품을 올릴 때였다. 그렇게 물었을 때, 나의 대답은 늘 "나는 아직 그의 작품을 제대로 모릅니다. 50이 넘으면 할 수 있을지 모르겠네요"였다. 내가 처음으로 체홉 작품, 그중에서도 「갈매기」를 연출하는 지금 나이는 쉰 넷(2017)이다. 왜 내가 이렇게 말하는지 구구한 내 설명보다 오순택 선생님의 얘기를 들려주는 것이 이해를 더 쉽게 할 수 있을 것이다.

"우리가 창조적인 연기, 보다 바람직한 연기를 준비, 계획, 그리고 공연할 때, 우리의 일생생활에서 삶을 그리는 것이 필요한 것이 아니고, 우리가 어슴푸레 꿈속에서 느끼는 삶, 우리의 갈망함 속에서 절실히 원하는 삶, 그리고 더더욱 우리의 영혼이 드높이 치솟았을 때 그리는 삶의 모습을 연기를 통해서 구현하는 것이 배우에게는 더 긴요한 과제이다."

오순택, 「칼을 쥔 노배우」

시간과 공간을 초월해서 작가로서의 체홉의 생각과, 그리고 배우로서 오순택 선생님의 생각, 두 대가의 생각이 일치하고 있다. 그렇다면 체홉의 생각은 결국 연극의 본질과 통한다는 얘기다. 나에게 있어 체홉의 작품들은 파내도 파내도 끝없이 보물이 나오는 유적지와 같다. 늘 흥미롭지만 또 조심스럽고 어렵기도 하다.

연출가의 질문: 유명한 통속작가 뜨리고린과 젊고 천재적인 재능의 꼬스챠를 통해서 드러내고 싶은 메시지는 무엇인가?

대답 혹은 해결: 체홉은 이 작품에서 특히 '대조'를 즐겨 써서 자신이 드러내고 싶은 주제를 엮어내고 있다. 뜨리고린과 꼬스챠를 통해서 드러내고자 하는 이야기는 '작가(예술가)로서의 정체성'이다. 구체적으로 '일'에 있어서 '명예 혹은 성공//자기 자신 혹은 가치'의 문제다. 궁극적으로 작가가 도달했던 지점, 내용과 형식은 인간의 삶의 차원에서 통일되어야 한다는 것이 체홉이 말하고 싶었던 '작가와 배우'의 정체성일 것이다. 체홉은 작품에서 꼬스챠와 뜨리고린이 서로에 대해 하는 말 속에, 마치 '거울'을 비추듯 두 인물의 작가로서의 정체성을 드러낸다. 뜨리고린 대사에 꼬스챠의 작가적 정체성이 드러나고, 꼬스챠의 대사에 뜨리고린의 작가적 정체성이 드러난다.

뜨리고린 운이 없다고 해야 될까요? 뭐, 작가라는 게 가끔 자기 목소리를 못 찾는 경우가 있죠. 그 친구 글은 좀 생소하고, 모호하죠. 가끔은 좀 미친 사람 소리 같기도 하구요. 일상의 사람들에 대해서는 절대 쓰지를 않더라구요.

꼬스챠 (중략) 뜨리고린이라면 테크닉으로 해결했겠지. 쉽게 쓸 거야.

꼬스챠는 천재적인 재능을 타고났다. 전위(아방가르드)적인 작가 지망생에서 짧은 시간에 베일에 가려진 신비한 작가가 된다. 뜨리고린조차 그의 글을 이해 못한다. 그러나 재능만으로는 안 된다. 작가로서 살아내기에는 삶의 뿌리가 약하다. 여배우로서의 이기적 삶에만 열정을 쏟는 어머니의 사랑을 받지 못한 채 고독하게 자랐고, 그러한 결핍으로 기존의 모든 문화적 현상을 부정하는 시선을 갖게 된다. 인간의 삶과 사랑에 대한 시선 역시 부정적일 수밖에 없다. 그것이 꼬스챠의 작가로서의 약점이다. 그러므로 꼬스챠는 재능만을 토대로 하는 새로운 형식을 추구하는 아방가르드적인 특성의 글을 쓰게 된다. //뜨리고린은 재능은 있으나 천재는 아니고 기술에 전적으로 의존한다. 무엇보다 작가로서의 책임감, 사명감이 없다. 그러므로 위대한 작가에는 못 미치는 B급 통속소설 작가에 머문다. 그것이 또 그의 작가적 열등감이다. 그는 달변으로 예술가의 초상을 그리지만, 그러기에는 인간적인, 현실적인 삶에 구속되어 있다. 그의 장점은 자신의 주변과 주변에서 일어나는 모든 일들을 그의 글 속에 녹여내는 것이다. 그러나 그의 글은 너무 '쉽게' 읽힌다. 자신만의 독특함도 없다. 형식은 물론이고 내용적인 면으로도 새로움이 없기 때문이다.

연출가의 질문: 이 작품의 상징이 갈매기고, 그 갈매기는 니나다. 니나를 통해서 작가가 드러내고 싶은 메시지는 무엇인가?

대답 혹은 해결: 작가가 드러내고자 하는 초목표가 니나의 인생 속에 들어있다는 것이 연출가로서의 내 생각이다. 니나의 삶과 선택은 '어떻게 사는가?' '무엇으로 사는가?'에 대한 작가의 대답이다. 니나의 삶과 좌절은 우리 인간의 삶의 과정을 압축한 듯 보인다. 사람마다 강약의 차이, 경중의 차이는 있지만 인생, 인간의 삶은 예기치 못한 삶을 극복하는 과정이다. 한 인간으로서, 그리고 배우로서 겪게 되는 그 파란만장한 삶 끝에 니나의 선택은 '자기 자신으로서의 삶'이고, 진정한 여배우로서의 거듭남이다. 니나는 그러한 현실적이고 구체적인 이상(ideal)을 가지게 됐다. 그녀는 자신의 남루한 현실을 직시하게 됐고, 그 현실을 극복해내겠다는 의지를 갖게 됐다. 그것이 중심 주제가 되지 않을까? 그렇게 생각하면, 이제 니나 역의 배우는 니나의 마지막 긴 대사에서 '연기의 뷰포인트'를 찾아서 Play 할 수가 있게 된다.

니나 지금은 진짜 배우가 됐어. 연기하는 게 너무 좋고, 내가 멋있다고 생각해. 나는 무대에 사로잡혔어. 무대에 서면, 나는 너무 아름다워. 며칠 사이에, 여기 돌아온 다음에, 몇 시간이고 걸어 다녔어. 생각하고 또 생각했어. 그리고 하루하루 내 영혼이 더 강해지고 있다고 느꼈어. 이제 알게 됐어, 꼬스챠, 이해할 수 있게 됐어. 마침내 우리가 하는 일들―연기하는 일, 글 쓰는 일, 다 똑같애―중요한 건 유명해지는 것도 아니고, 박수 받는 것도 아니야. 그건 내가 꿈꾸던 게 아니었어. 무엇보다도 가장 중요한 건 계속 하는 거야, 무슨 일이 일어나도. 계속 믿어야 돼. 나는 믿어. 그리고 그게 힘이 돼. 이제 내가 가야 되는 길을 생각하면, 어떤 것도 두렵지 않아.

니나가 처음 연극을 접했을 때, 그녀는 아무것도 알지 못했다. 알지 못했으므로, 여배우로서 시작할 때는 그녀의 말처럼 "손을 어떻게 해야 할지 모르고, 무대에서 어디에 서있어야 할지 모르고, 목소리도 제대로 내지 못했어요." 그렇게 연기할 수밖에 없었을 것이다. 그러나 이제 니나는 자신의 영혼이 성장하는 힘을 알게 되었다. 그 깨달음으로 마치 애벌레에서 막 나비가 되는 순간을 맞고 있다. 니나는 스스로 인생을 살아가는데 있어서, 예술가로서의 존재가치를 발견한 것이다.

연출가의 질문: 배우로서 자신의 존재가치에 대해서 생각해보았는가?

대답 혹은 해결: 배우는 연기하는 사람이다. 연기하는 사람. 연극이 있고, 연극의 본질은 '관객과 배우'의 Play라는 것이다. 고대 그리스인으로부터 시작되어 지금까지 존재하고 있는 연극은 이 세상에 어떤 가치로 존재해왔는가? 여기서 또 다시 오순택 선생님이 생각하신 것과 체홉이 생각한 것(배우의 정체성)이 하나의 맥락으로 묶인다.

"삶이 매순간 선택이듯이 배우는 매순간 선택을 해야 합니다. 선택의 근거는 무엇으로부터 찾아야 할까요? self-awareness, 즉 자기 자신의 실존에 대한 감각입니다. 스스로 존재가치를 발견해야 합니다."

오순택, 「칼을 쥔 노배우」

오순택 선생님이 스스로 존재가치를 발견해야 한다고 했을 때, 표현한 '자기자신(自己自身)의 실존에 대한 감각'에 대해 생각해 봐야 한다. '自己'는 그 뜻을 풀면, "스스로 다스린다"는 의미를 갖는다. '己'는 다스린다는 의미가 있고 주역에서 여섯 번째의 천간이기도 하다. 스스로 존재한다는 의미가 이미 있다는 뜻이다. 거기에 '自身-스스로의 몸'까지 결합하면, "스스로의 몸으로 스스로 다스린다"라는 의미가 생겨난다. 키에르케고르가 '영혼과 육신의 종합'이라고 표현한 '죽음에 이르는 병'에서 탈존하는 방법으로, 자기 자신은 존재로서 '최고의 정점'인 것이다. '자기 자신'으로 사는 것, 즉 존재로서 최고의 정점에 이르는 방법은 바로 자기 자신이 되는 것에 삶의 가치를 두는 것이다. 그럼 예를 들어 오순택 선생님 자신이 인생에서, 배우로서 최고의 정점이라고 생각하는 것은 무엇이었겠는가? '신체시정적인 순간'을 관객과 함께 경험하는 것이었다.

니나 역의 배우는 지금, 현재 배우로서의 자신의 모습을 생각하고, 배우로서 자신이 무엇을 추구해야 할지를 찾는다면, 자신이 겪은 배우로서의 과정을 니나의 상황으로 대입해서 진짜 니나처럼, 니나로서 성장하는 모습을 보여줄 수 있다.

연출가의 질문: 인생, 인간의 삶에 대한 이야기는 시대와 국가에 상관없이 인류의 공통된 주제다. 인간이 삶에서 추구해야 하는 것이 '행복'인가? // '가치 실현'인가?

대답 혹은 해결: 안톤 체홉이 「갈매기」를 통해서 예술과 문학을 전면에 내세우며 하고 싶은 이야기는 가치 실현이다. 키에르케고르 역시 '죽음에

이르는 병'인 '절망'에 이르지 않으려면 '절대적 가치'를 추구하라고 한다.

연출가의 질문: 작품 전체의 목표는 무엇인가?

대답 혹은 해결: 작가가 '세 여자(뽈리나를 포함한 네 여자가 되어야 한다)와 여섯 남자의 이야기'라고 한 것처럼 배역 모두가 저마다의 인생에서 그 삶의 주인공이다. 인간이 살아가는 데 있어 원동력은 사랑이다. 사랑하고 사랑받고 싶은 것은 본성이므로. 작가는 그들 각자가 어떻게 살고, 어떻게 사랑하고, 무엇에 삶의 가치를 두는지, 그들의 사랑과 삶의 방식을 통해 보여주고 있다. 배우 각자는 배역의 삶을 거울에 비추듯, 사랑하고 사랑받고자 하는 본성에 의한 그들의 인생을 연기해야 한다. 그랬을 때, 관객은 그들 모두의 삶과 사랑에서 자신들이 지금 살고 있는 주변에서 만나는 사람들과 다르지 않다는 것을 알게 되는 것이다. 그리고 주인공 모두의 보편적인 삶과 꼬스챠와 니나의 상반된 선택을 통해 자신의 삶을 살아내는 데 있어서 가장 중요한 사랑은, 자신을 사랑하는 것임을 보여주는 것이다. '인문주의'는 모든 사람이 자기 삶의 주인이어야 한다는 자각으로부터 시작되었다고 한다. 그래서 내 식으로 중심 주제로부터 끌어낸 연출가의 목표는 다음과 같다.

■ **연출가로서 목표 세우기**

1. "개개인 각자 자신에게 한 번뿐인 소중한 삶을 사랑하라!"는 작가의 '인문주의적' 메시지를 관객에게 주는 것이다.

2. 작가 체홉이 원했던 바, "코미디, 세 명의 여자 배역, 여섯 명의 남자 배역, 4막, 풍경(호수를 배경으로 함), 문학에 대한 많은 대화, 움직임이 적

음, 다섯 푼짜리 사랑 이야기다"라고 특징지은 점을 제대로 살려내는 것이다.

3. 작가가 의도했던 '인생과 행복, 그리고 일과 사랑과 삶의 가치'에 대해 관객들과 대화하는 것이다.

2장

연기의 역설

연기(Play) 기술 장착, 둘 — **바꾸기(모방-mimesis)**

연기는 '바꾸기(모방)' 놀이다. 미메시스, 즉 '모방'은 물론 인간의 뇌에 장착되어 있는, 인류가 진화에 진화를 거듭해서 오늘에 이를 수 있었던 '신의 선물'이다. 연극도 예외일 수 없다. 미메시스는 Play를 위한 가장 기본적인 능력이다. 영국이 낳은 세계적인 극작가 셰익스피어가 한 말을 음미해 보는 것이 좋겠다.

"Theatre is holding a mirror up to nature."

"공연 예술은 '인간의 있는 대로'의 모습에 거울을 비추는 것이다"라는 뜻이다. 연극인들이 '사회적'으로 어떤 이슈를 만들고자 '연극은 시대의 거울이다'라는 식으로 자주 쓰는 말이니, 대부분이 다 알고 있는 말이다. 그러나 그 쓰임은 대단히 기회주의적이다.

나는 배우 연기의 관점으로, 역설의 관점으로 '관객심리행동법'의 관점으로 다시 해석한다. 먼저 'to nature'은 '본성대로'라는 의미로 해석하고 'a mirror up'은 우리 뇌에 있는 '거울 신경', 즉 공감 신경으로 연결해서 해석한다. 'holding'을 말 그대로 해석해서, 결국은 모방이라는 미메시스 관점으로 다시 해석한다. 그렇게 해서 Play는 바꾸기, 즉 모방 놀이인 것이다.

모방 놀이가 그렇지 않은가? 아이들이 그렇게 '소꿉놀이'를 놀지 않는가? '나는 엄마고, 너는 아빠인거야'라고 바꾸면 그다음 자연스럽게 관계가 생기고, 엄마와 아빠를 모방하는 놀이가 시작된다. 놀이는 끝날 때까지 자연스럽다. 놀이이기 때문이다. 그것은 일종의 공감 놀이이기도 한 것이다. 그렇게 해석하면 '공감과 즐거움'을 창조하는 '모방 놀이'가 된다. 연기(Play)의 목적이 되는 것이다.

1. Play는 **이름 바꾸기 놀이**다.

'배역을 주인공으로 줄거리 말하기'를 통해서 이미 깨달았을 것이다. 단순 명료한 기술이다. 캐스팅이 되는 순간, 이름 바꾸기로, 등장인물로서 '나는 누구인가?'를 결정짓게 되는 것이다. 배우가 이름을 마샤, 꼬스챠 혹은 니나라는 배역의 이름으로 바꾸면 그때부터 배우는 꼬스챠이고 니나인 것이다.

"등장인물은 '나는 누구인가?'라는 물음에 답을 해야 한다. 가장 짧은 대답은 이름이다."

데이비드 볼, 『통쾌한 희곡의 분석』

그런데 가장 짧은 대답의 중요성을 배우들이 쉽게 간과한다는 데 문제가 있는 것이다. 그래서 나는 항상 배우들에게 배역의 이름으로 바꿔서 불러주는 것을, 정말 아이들이 놀이 하듯 진지하게 실행해주기를 연습 시작부터 부탁한다.

소린 마샤, 아버지한테 개 좀 풀어놓으라고 얘기해주면 안 될까. 그렇지 않으
면 계속 짖어댈 텐데. 동생이 밤새 한숨도 못 잤거든.

소린이라는 배역의 배우가 마샤 배역의 배우를 마샤라고 불러주는 그
순간부터 Play가 끝나는 순간까지, 마샤라는 이름으로 바꾸고 주인공이 되
어서 마샤라는 이름으로 관객과 소통하게 되는 것이다.

2. Play는 **시간 바꾸기 놀이**다.

배우가 "지금은 언제, 어느 때예요." 그렇게 말하면 관객은 그냥 '아, 지금
시간이 언제, 어느 때인 것이구나.' 그렇게 받아들인다. 연극은 관객과 배우
의 놀이이기 때문이다. 그것이 배우와 관객이 놀이를 하면서 정하는 규칙이
고 약속이기 때문이다. '연극은 약속'이라는 말은 이렇게 발생되는 것이다.

마샤 (무대 쪽을 바라본다) 연극 시작할 시간이에요.
메드베젠꼬 네… 꼬스챠가 희곡을 썼고, 니나가 연기할 겁니다. 두 사람은 서로
사랑하는 사이죠. 오늘밤 두 사람의 영혼은 서로 만날 방법이 없네요.

지금은 밤이고, 연극 시작할 시간이다. 곧 연극이 시작될 것이다.

3. Play는 **공간 바꾸기 놀이**다.

배우가 공간의 이름을 바꾸어주면 관객은 그것을 받아들인다. 연극이
Play라는 것을 받아들이는 것이다.

소린 그래서 말이지, 시골은 나한테 맞지가 않아. 앞으로도 익숙하지 않을 거고.

「갈매기」 1막 시작에서 소린과 꼬스챠가 등장하면서 '시골'이라고 말해 준다. 그렇게 배우에게 '시골'이라는 공간이 주어지면, 배우가 그것을 결정하고 말하는 순간, 이제 그곳은 관객에게도 '시골'이 된다. 배우와 관객의 놀이 공간이 되는 것이다. 단순하다. 어린 아이 같은 단순한 상상력을 발휘해 보라. 우리가 어릴 때 놀던 다양한 놀이들을 기억해 보라. 금만 긋고도 '이름'만 명명해주면 충분히 훌륭한 놀이 공간이 되었다. 단지 공간의 이름을 바꿈으로서 놀이 공간이 되는 것이다. 배우에게 극장은 그러한 곳이다. 장치 몇 개 설치해 놓고 공간의 이름을 바꾸면 다른 세계가 펼쳐지는 것이다. 인간이 갖고 태어난 상상력이 그것을 가능하게 하는 것이다. 상상력을 깨우는 것은 생각하는 것처럼 그렇게 어려운 일이 아닌 것이다.

안톤 체홉은 꼬스챠를 통해서 새로운 형식(구조)의 극장을 예견했다. 새로운 형식의 극장은, '빈 공간'이다. 사실 안톤 체홉은 '제4의 벽'조차 구시대적인 것으로 보았다. 안톤 체홉의 천재성과 단독성이 드러나는 지점이다. 이후 실제로 안톤 체홉이 주장한 그대로 따르는 혁신적인 연출가가 출현했다. 세계적인 거장 피터 브룩이다. 피터 브룩은 자신의 저서 제목을 '빈 공간'이라고 붙였다. 소린에게 무대에 대해서 설명하는 꼬스챠의 대사와 자신의 저서 『빈 공간』 맨 처음에, 첫 번째 문장으로 써놓은 피터 브룩의 글을 비교해 보라.

꼬스챠 텅 빈 공간이죠. 무대 장치는 전혀 없어요.

"아무것도 없는 어떤 빈 공간을 일컬어, 난 그걸 빈 무대라고 부른다. 누군가 그를 보고 있는 가운데 한 사람이 이 빈 공간을 가로지른다. 연극의 행위가 일어나기 위해서 필요한 것은 이게 전부이다."

피터 브룩, 「빈 공간」

본래 피터 브룩이 『빈 공간』에서 한 말인데, 나는 허순자 번역의 『열린 문』에서 발췌 인용했다. 왜냐하면 보다 정확한 번역이라서 그렇다. 꼬스챠 배역의 배우에게 읽어주었는데, 자기 배역인 꼬스챠가 쓴 희곡을 '새로운 형식'으로 올리는 데 있어서 배우로서 피터 브룩에게서 아이디어를 얻을 수 있을 것이고 생각했기 때문이다.

4. Play는 말(체스) **바꾸기 놀이**다.

다섯 알의 '공기 돌'을 갖고 한없이 놀던 기억을 떠올려 보라. 배우에게 소품이 주어지면 그것은 이제 배우에게 놀이 도구, 즉 '공기 돌'이 되는 것이다. 또 흔한 예로 남자 아이들은 긴 막대를 타고 놀면서 막대를 말(馬)로 바꾸어버린다. 그러다가 갑자기 손에 들고 '탕 탕 탕' 소리 내면 막대는 다시 총이 된다. 그것이다. 배우의 소품은 막대의 이름을 바꾼 것과 같다. 배우의 소품은 놀이 도구다. 연기의 끝은 배우의 손끝에서 끝난다고 해도 과언이 아니다. 그런데 배우에게 소품이 주어지면, 그 소품은 손에서 이어지며 연기의 끝판이 된다. 소품은 배우에게 배역의 성격은 물론 감정, 상태, 기분 등을 구체적이며 디테일하게 드러내는 훌륭한 매개체가 된다. 그래서 배우에게 소품이 주어지면, 자기 몸의 일부로 만들어야 한다. 그렇게 해서 배역을 드러내는 도구로 쓸 줄 알아야 하는 것이다. 소품을 갖고 노는 법을 터득하라.

예를 들어서, 2막 시작 장면은 정오로 시작된다. 우리 작품에서 마샤로 하여금 아르까지나에게 양산을 씌어주도록 소품으로 양산을 주었다. 마샤는 심리적으로 우울한 자신의 상태를 마샤에게 양산이라는 소품을 매개체로 표현해낼 수 있다. 아르까지나는 디테일한 표정 연기와 더불어 양산을 갖고 정오의 느낌들을 만들어낼 수가 있다.

'소품 사용' 문제가 나오면 나의 스승 오순택 선생님이 '어떻게' 하셨는지 예를 들지 않을 수가 없다. 소품이 배우의 연기에 어떻게 기여하는지, 오순택 선생님이 잔을 잡는 다른 행동 두 가지 시범을 보여주면서 했던 얘기를 들려주겠다. 내가 직접 보고 들은 것이다.

> "또 소품(포도주)을 진짜로 다루어야 한다. '소품을 어떻게 다루느냐'로 그 사람을 드러낼 수 있다. 진짜 레이디 맥베드라면 술을 마시는 그 자태도 다를 것이다."
>
> 오순택, 「칼을 쥔 노배우」

오순택 선생님이 장면 발표를 보고는 배우가 포도주를 마시는 장면, 즉 배우의 포도주잔 사용에 대해서 지적하셨던 지점이다. 배우는 자신이 마셨던 습관으로 '그냥' 마셨다. 이미 던컨 왕을 죽인 다음 장면이다. 그렇다면 이제 그녀는 명실상부한 '왕후'다. 왕후로서 포도주잔을 들 것이란 얘기다.

인물의 행동과 움직임을 이끌어내는 데 있어 오순택 선생님의 섬세한 통찰력에 따른 '신체조형력', 즉 신체를 디자인하는 능력은 정말로 뛰어났다. 그런 연기를 이제 볼 수 없다는 사실이 안타깝다. 그러고 보면 본다는 것은 사람마다 천양지차인 것 같다. 『칼을 쥔 노배우』를 읽어보면 제자들은 더 많은 순간을 보았다는 것을 알 수 있는데, 그런 순간들이 어떻게 가능한지에 대해 끝까지 온몸으로 밀어붙이는 제자가 나오지 않는 이유는 무엇일까?

1. 배역 사이의 관계 정의

태초에 관계가 있었다. 우리의 삶이 관계 맺기로 이루어지는 것처럼 우리의 삶을 거울처럼 반영해주는 연극에서라고 다르지 않을 것이다. 나와 너의 관계 맺기가 의미와 가치의 세계로 바뀌는 것이다. 어쩌면 '관계'는 삶을 결정짓는 가장 본질적인 계기라고 볼 수 있다. 태어나서 처음 만나는 부모가 자식의 인생을 결정짓는 본질적인 계기가 되는 것과 같다.

연극이라는 놀이에서 배우가 '배역으로 상대를 보기' 위해서 가장 먼저 해야 하는 일이 '관계 정의'다. 쉽게 말해서 "자, 이 놀이에서 나는 너(그 혹은 그녀)의 엄마고, 너(그 혹은 그녀)는 내 아들이다"라고 하는 것이 관계 정의다. 당연하다. 연기는 내 배역과 상대 배역의 Play다. Play를 할 때, 배역으로 그 상대를 봐야 하는 것이 당연하다. 그러므로 당연히 배우 자신이 아니라 배역의 입장이 되어, 배역의 관점으로 상대(배역)를 보려고 해야 한다. 자기 배역의 관점으로 상대 배역을 보기 위한 우선순위 작업이 관계 정의다. 나의 책 『문장//쪼개기』에서 다시 인용하면 "주체//객체 사이의 관계, 특히 인물 상호 간의 관계를 정확하게 파악하는 법"이다.

연출가의 질문: 관계 정의가 왜 중요한가?

대답 혹은 해결: Play의 열쇠, 더 구체적으로는 '행동 찾기의 열쇠'이기 때문이다. 관계 정의의 기본은 주체//객체를 관객의 시선으로 정확하게 구분하는 것으로 시작된다. 물론 연기의 주고—받기, 즉 Action-Reaction과 그

에 따른 '1초의 연기'를 찾는데 필요한 작업이며, 상대 배우를 배역으로 보는데 유용하다. 상대 배역과의 관계를 제대로 정의해야 자신들이 어떻게 상대 배우의 배역을 봐야 하는지 알게 된다. 자기 배역에 대해 상대 배역이 어떻게 말하는지를 듣고 정리해 보면 행동 목표가 정확해진다. 연출가는 항상 관객의 시선을 갖고 연습을 보기 때문에 연출과 함께 하는 보이지 않는 작업의 '질, 수, 량, 크기'가 배우에게 중요하다.

안톤 체홉의 「갈매기」를 읽으면서 '인물 관계도'를 그려보는 것은 이미 '기본'이다. 사랑의 관계로 씨실과 날실처럼 엮여있는 인물의 관계들을 정확하게 정의 내리는 것이 특히 중요하다. 부모/자식 관계, 모/자 관계, 남/녀 관계, 연인 관계, 종속(주/종) 관계 등등. 특히 연인 관계, 남/녀 사이의 사랑을 중심으로 연결된 '인물 관계도'를 그려놓으면 배역으로서 행동 찾기의 열쇠가 된다. 지금은 '인터넷'만 클릭해도 다양하게 그려놓은 '인물 관계도'가 뜬다. 그러므로 여기서는 간단하게 정리만 해놓아도 별 무리는 없을 것이다. 중요한 것은 '왜 중요한가?'만 알면 되는 것이다.

— 남/녀의 사랑으로 엮이는 '관계도' 정리

메드베젠꼬 ⇒ 마샤 ⇉ 꼬스챠 ⇔ 니나 ⇔ 뜨리고린 ⇔ 아르까지나 ⇐ 도른 ⇐뽈리나 ⇐ 샤므라예프

연출가의 질문: 관계도에 따라서 인물(자기 배역)로서 상대 배역을 어떻게 보는지, 상대 배역이 자기 배역에 대해 어떻게 생각하는지 반드시 대사에서 찾아 정리한다. 왜 반드시 정리해야 하는가?

대답 혹은 해결:

1. 우리의 삶 속에서도 그렇듯이, 상대역과의 관계에 따라서 상대역을 대하는 태도가 달라져야 되기 때문이다. 예를 들어, 1막에서 꼬스챠의 연극이 시작되기 전에 미리 와서 메드베젠꼬와 대화를 나누던 마샤가 꼬스챠가 나타났을 때 어떻게 행동하겠는가? 위에 정리한 관계에 따르면 마샤는 꼬스챠만 바라보지만, 꼬스챠는 그녀의 마음을 모른다. 마샤는 그가 나타났을 때 본능적으로 그를 보다가, 꼬스챠가 "여러분, 시작하면 당신들을 부르지요…"라고 하면서 주의를 자신에게 돌릴 때, 마샤는 대단히 서운할 것이다. 어떻게 행동하고 말하겠는가? '서운함' 하나에 담는 마샤의 시선과 감정연기는 대단히 정교해질 수 있다. 소린에게 응대하는 말투도 결정이 될 것이며, 메드베젠꼬와 같이 퇴장할 때의 행동과 태도 역시 결정할 수 있게 된다.

2. 연기의 Reaction-Action(반응하고-행동하기)이 중요하기 때문이다. 니나 역의 배우는 니나가 꼬스챠를 보고 있는 대로 꼬스챠 역의 배우를 봐줘야 한다. 이미 반응하고 있어야 하는 것이다. 상대 배역의 성격이나 행동까지 발견할 수 있다. 상대 배역은 상대적으로 니나 역 배우의 반응 때문에, 자신의 성격과 행동까지도 알게 된다. 거꾸로 내 배역의 성격을 찾을 때, 다른 인물이 내 배역에 대해 어떻게 말하는지를 찾으면 된다. 예를 들어, 꼬스챠가 소린의 물음에 대해, 뜨리고린에 대해서 설명하는 대사를 보자.

꼬스챠 나쁘지 않아요. 평범하죠. 말도 없어요. 그렇다고 벙어리는 아니구요. 아직 마흔도 안 됐는데 돈도 많이 벌었고 유명하죠. 원하는 건 다 가졌어요. 그래서 지금은 맥주나 마시고 나이든 여자나 따라다니는 것 말고 할 일이 없는 거죠. (사이) 작품에 대해서는 뭐라고 말해야 될지 모르겠어요… 재능도 있고 매력도 있어요, 근데… 뭐라고 해야 되나, 톨스토이나 졸라를 읽고 나서는 뜨리고린은 못 읽죠.

꼬스챠 배역의 배우가 뜨리고린을 어떻게 봐야 하는지를 알 수 있다. 꼬스챠 배역의 배우는 꼬스챠가 말한 그대로 뜨리고린을 봐주면 된다. 본다는 것이 이미 반응이다. 배우가 Play를 힘들어하는 이유는 감정에 빠지는 것을 진정성이나 믿음이라고 생각해서다. 흔한 예를 들자면, 배역 상호 간의 관계가 상대를 사랑하는 관계라면 상대 배우를 사랑해야 한다고 생각한다. 그것은 감정소비. 한두 달 만나면서 상대와 사랑에 빠지기도 힘들지만, 빠져도 문제다. 연기할 때마다 상대 배우와 사랑에 빠져보라. 어떻게 되겠는가? 연극계는 불륜이 넘쳐날 것이다. Play is Play. 사랑한다고 믿는 것이 아니라 배우 자신이 사랑에 빠졌을 때 신체 상태의 신체 조건과 감각을 기억해서 배역에 맞게 신체를 디자인하는 것이 관객에게 더 믿음을 줄 것이다. 그러니까 Play를 하라는 것이다.

2. 배역으로 바꿔 보기

연출가는 배우들이 서로 간에 상대 배우를 배역으로 보기 위해서 어떻게 봐야 하는가의 문제를 해결할 수 있도록 배우에게 적절한 물음들을 던져줄 수 있어야 한다. 그래야 혼란스럽지 않게 함께 목적지로 가게 된다. 자기 배역이 상대 배역을 '어떻게' 보는가에 따라서 자기 배역으로서의 태도나 행동이 완전히 달라지기 때문에, 우선적으로 배우에게 첫 번째로 대단히 중요하다.

이것이 첫 번째로 중요한 것 못지않게 중요한 이유가 있다. '상대 배역을 어떻게 보는가?'라는 질문으로 찾아지는 '계기'다. 배우나 연출가 모두에게 중요하다. 먼저 첫 번째로 배우에게 중요한 문제부터 풀어가기로 하자.

연출가의 질문: 마샤는 왜 검은 상복을 입을까? 왜 불행하다고 할까?

대답 혹은 해결: 꼬스챠를 사랑하는데 그 사랑을 표현할 수가 없어서 불행하다. 대단히 복잡하지만 대본을 관심 있게 읽어 보면 답이 나온다. 앞에서 밝힌 바대로, 마샤가 꼬스챠의 일거수일투족을 관찰한다는 사실이 해결의 열쇠다. 마샤는 꼬스챠가 누구를, 왜, 무엇을 싫어하는지 너무나 잘 알고 있다. 꼬스챠는 자기 엄마 아르까지나를 싫어한다. 남자에 빠져서 허우적대는 여자들을 싫어한다. 남자를 옆에 끼고는 좋다고 과시하고, 애정표현에 스스럼이 없고, 그러면서 자신은 전혀 돌봐주지 않는, 아르까지나의 그런 모든 것들을 싫어한다. 그런데 그런 점에서 뽈리나 역시 닮았다. 그래서 마샤는 아르까지나와 자기 엄마 뽈리나처럼 되는 것이 싫다. 마샤는 그들 두 여자

처럼은 될 수가 없다. 꼬스챠가 자신을 그렇게 생각하는 것이 견딜 수가 없기 때문이다. 다만 상복을 입는 것으로라도 자신을 표현하는 것은 일종의 이율배반적인 몸부림이다. 마샤 역시 옷을 잘 입고 싶을 것이다. 전에는 예쁘게 입는 것을 좋아했을 것이다. 그러나 꼬스챠를 좋아하게 되면서 그가 싫어하는 것을 하지 않게 된다. 꼬스챠가 옷을 화려하게 입는 것을 싫어한다고 생각해서 화려하게 입지 않게 되었다. 니나가 나타나면서 상복으로까지 발전하게 된 이면에는 '나를 봐주지 않는 사람에게 잘 보이려고 몸부림칠 필요가 없지. 비참하기까지 하니까. 차라리 반대로 불행을 안고 사는 것이 나을 거야'라고 생각하는 것이다.

연출가의 질문: 이 연극의 첫 등장인물이 마샤다. 마샤는 어떻게 등장하고, 어떻게 행동할까? 왜 마샤는 산책을 핑계로 이곳으로 왔을까?

대답 혹은 해결: 마샤는 의식적으로나 무의식적으로나 모든 촉수가 꼬스챠를 향해 있다. 그러므로 마샤는 1막 시작에서 메드베젠꼬와 산책을 하면서 일부러 무대 준비를 하고 있는 장소로 온 것이다. 메드베젠꼬는 오직 마샤에게만 열중해있기 때문에 마샤의 의도를 몰라야 한다. 마샤는 들어서는 순간부터 주위를 둘러보는 듯 행동하지만, 사실은 꼬스챠를 찾고 있어야 한다. 상대인 메드베젠꼬를 어떤 태도로 대해야 할지, 어떤 대사에 어떻게 반응해야 할지가 분명해진다. 둘이 의자에 앉을 때도 마샤가 먼저 앉아야 할 것이다. 조금이라도 머물고 싶을 것이므로. 앉아서도 마찬가지다. 메드베젠꼬가 눈치 채지 못하게, 그의 눈에 뜨이지 않게, 무심한 듯 옷매무새를 가다듬을 수 있어야 한다. 물론 걸음걸이도 신경을 써야 할 것이다.

– 관계도에 따른 대조되는 행동으로 드러낸다

조용히 세심하게 무심한 듯, 꼬스챠를 향한 마샤의 행동//드러내놓고 마샤에게만 집중하는 메드베젠꼬의 행동

연출가의 질문: 3막 첫 등장 또한 마샤다. 마샤에게 주어진 상황은? 그에 따른 연기의 뷰포인트를 '/사이/의 연기'를 찾는다면?

대답 혹은 해결: 마샤 역에 주어진 상황은 '꼬스챠의 자살 소동에 쇼크 상태'다. 틈도 없음을 알게 된 것, 자신이 목매며 사랑하는 꼬스챠는 니나의 변심에 목숨까지 버리려고 했다. 이제 마샤는 더는 자신의 사랑에 매달릴 수 없다고 생각하고, 선택을 해야 된다고 결심하게 된다.

연출가의 질문: 3막에서 마샤는 왜 메드베젠꼬와 결혼하겠다고 하는 걸까?

대답 혹은 해결: 실제로 '오로지 자기 자신에게서 달아나기 위해 결혼을 선택하는 사람들이 있다'고 한다. 그런데 이런 경우, 그 사람이 느끼는 외로움이나 그리움은 사실 자신을 지탱할 수 없기 때문에 스스로에게서 도망치려는 심리에서 나온 것이라고 한다. '빈 방'에서 스스로를 구하기 위해 타인이라는 '감옥'에 가두는 것과 같다고 한다. 이 해결은 『철학 까페에서 시 읽기』라는 책의 도움으로 찾았다.

연출가의 질문: 그런데 마샤는 3막에서 왜 메드베젠꼬와 결혼하겠다는 말을 도른에게가 아니고, 뜨리고린에게 하는 걸까?

대답 혹은 해결: 첫째는 꼬스챠의 자살시도 때문에 완전히 쇼크 상태라

는 것이다. 꼬스챠의 일거수일투족을 보고 있는 마샤는 꼬스챠가 뜨리고린을 향한 질투 때문에 자살시도를 한 것을 안다. 그러니 술을 연거푸 마시면서 뜨리고린에게 털어놓고 있는 것이다. 1막에서 도른에게는 구원을 청하다시피 한 것이고, 뜨리고린에게는 조금은 의도적이다. 아르까지나에게 끌려가다시피 하는 사람에게, '아르까지나가 당신을 왜 급히 데리고 가는 줄 아는가? 니나가 당신을 좋아해서 꼬스챠가 자살 시도를 한 것이다'라는 감정을 갖고 말하는 것이다. 감정이입 되는 측면도 있다. 그래서 뜨리고린에게 "결혼할 생각이에요. 메드베젠꼬하구요"라고 하는 것이다. 메드베젠꼬와 결혼하겠다는 결심을 하는 계기는 꼬스챠의 자살시도다. '그가 가면 니나도 꼬스챠에게로 돌아올 거야, 그를 위해 그래야 하는 거지.' 그것이 마샤의 마음이다. 마샤의 성격 때문이다. 그것이 두 번째 이유가 된다.

연출가의 질문: 마샤 & 꼬스챠: 마샤는 꼬스챠를 어떻게 볼까? 질문을 바꾸면 마샤는 꼬스챠를 왜(어떻게) 사랑할까?

대답 혹은 해결: 1막의 마샤 대사를 확인해 보면,

마샤 그 사람이 자기가 쓴 걸 낭송할 때면, 눈에서는 막 빛이 나고 얼굴은 창백해지지만 정말 진지해지거든. 목소리가 너무 좋아. 근데 좀 슬픈 목소리야! 진짜 시인 같아.

위의 대사는 마샤 역의 배우에게 대단히 중요한 정보를 제공한다. 마샤는 꼬스챠의 시인과 같은 눈짓, 몸짓, 아름답고 슬픈 목소리에 푹 빠져있다는 것을 알 수가 있다. 그리고 이제, 4막의 지문을 보면, '마샤는 한시도 뜨레쁠례프에게서 눈을 떼지 않는다.'

이렇게 해서 1막과 2막 시작할 때의 마샤의 행동을 충분히 찾아낼 수가 있다. 일거수일투족 눈을 떼지 못한다. 또 꼬스챠가 연극의 막을 내리고 사라졌을 때, 아르까지나가 아들을 궁금해 할 때, 마샤가 어떻게 일어나서 나갈지 그 행동도 찾아낼 수가 있게 되는 것이다. 상상이 되지 않는가? 몸이 먼저 나가지 않겠는가?

이제 다음 단계로 희곡을 다시 정독하면서 마샤가 상대 배역들을 어떻게 보는지를 확인해 보라. 마샤와 상대 배역들과의 관계를 제대로 파악하면 마샤외 상대 배역 사이에 할 수 있는 구체적인 행동들이 찾아질 수 있다.

마샤 배역의 배우에게

마샤 → 니나

연출가의 질문: 니나를 어떻게 보는가?

대답 혹은 해결: 일단 니나에 대한 질투의 감정이 세다. 그러나 계급이 다르다. 그러므로 드러내놓고 질투하지는 않을 것이다.

마샤 → 뽈리나

연출가의 질문: 뽈리나를 어떻게 보는가?

대답 혹은 해결: 기본적으로는 좋아하지 않는다. 엄마처럼은 살고 싶지 않다. 꼬스챠의 영향이 대단히 크다. 꼬스챠가 자기 엄마를 싫어하는 이유와

같은 이유로 엄마 뽈리나를 좋게 보지 않는다. 엄마처럼 그렇게 경박하게 감정 표현을 다하는 것이 싫다. 아르까지나와 다를 바가 없다. 그래서 엄마에게 늘 쌀쌀맞았을 것이다. 1, 2, 3막 내내 모녀는 대화가 없다. 그러나 결혼을 하고 나서는 좀 달라졌다. 4막 도입부에서 메드베젠꼬를 대하는 마샤의 태도와 뽈리나와 마샤가 처음으로 진짜 엄마와 딸의 관계로 보여지고 있는 것도 작가의 용의주도한 포석이다. 뽈리나는 마샤의 편을 들고 있고, 꼬스챠에 대한 마샤의 사랑을 이해하고 있다. 마샤 역시 쌀쌀맞은 것이 아니라 툴툴대고 투덜거리는 정도다.

마샤 → 아르까지나

연출가의 질문: 아르까지나를 어떻게 보는가?

대답 혹은 해결: 영지의 주인인 소린이 끔찍하게 아끼는 여동생이고, 귀족이며 대단한 여배우지만 꼬스챠를 좋아하는 마샤로서는 아르까지나를 좋아할 수는 없다.

마샤 → 샤므라예프

연출가의 질문: 샤므라예프를 어떻게 보는가?

대답 혹은 해결: 아버지지만 일만하고 말도 통하지 않기 때문에 너무 싫어한다. 아버지보다 도른을 더 좋아해서, 1막 끝에서 도른에게 처음으로 꼬스챠를 좋아하는 마음을 고백하게 된다.

마샤 얘기를 나누고 싶어요… 얘기할 사람이 필요해요. (흥분해서) 전 아빠를 별로 안 좋아해요. 그냥 선생님이 더 좋아요. 왜 그런지는 모르겠는데, 더 가깝게 느껴져요. 도와주세요!

마샤 → 메드베젠꼬

연출가의 질문: 메드베젠꼬를 어떻게 보는가?

대답 혹은 해결: 사랑하지는 않지만 자신을 정말 사랑한다는 것은 알고 있어서 싫어하지는 않는 정도였다가, 메드베젠꼬와 회피성 결혼을 한 뒤에는 아주 지긋지긋해 한다. 1막에서 메드베젠꼬에게 고백을 듣고 대답하는 마샤의 대사를 보자.

> **미샤** 그런 거 아니에요. (담배 냄새를 맡는다) 저에 대한 마음은 알고 있어요. 정말 감사하죠. 그런데 그걸 받아줄 수 없을 뿐이에요. 그게 다예요. (담배 갑을 내민다) 코담배 하실래요?

3막에서 뜨리고린에게 하는 대사를 들어보라.

> **마샤** 우리 학교 선생님은 그렇게 멋있지도 않고, 생활이 넉넉한 편도 아니지만, 좋은 사람이에요. 그리고 저를 정말 사랑하구요. 안 됐어요. 나이 든 그분 어머니도 안됐구요.

그리고 4막에서는 집에 가자고 보채는 메드베젠꼬에게 아예 대놓고 꼴도 보기 싫다고 말한다.

니나 ➔ 꼬스챠

연출가의 질문: 꼬스챠를 어떻게 보는가?(니나는 꼬스챠를 왜? 어떻게 사랑하는가?)

대답 혹은 해결: 갈매기처럼 호수에 끌려서 보헤미안 같은 사람들에게 끌려서 오게 된 소린 가에 만난 젊은 작가 지망생으로 처음 사랑한 남자다. 첫사랑의 특성을 생각해보라. 마음으로 겪는 성장통과도 같은 사랑이다. 몸으로 겪는 사랑 이후, 첫사랑이 애틋해지는 이유다. 니나 또한 2년이 지나 뜨리고린과의 사랑이 지나가는 순간에 자신에게 꼬스챠가 어떤 존재였는지 알게 된다. 4막에서 니나가 '극중극'으로 연기했던 대사를 다시 다 외우고 있다는 것이 그 사실을 증명한다.

니나 ➔ 뜨리고린

연출가의 질문: 뜨리고린을 어떻게 보는가? (니나는 뜨리고린을 왜? 어떻게 사랑하는가?)

대답 혹은 해결: 1막에서 니나가 꼬스챠에게 처음 뜨리고린에 대해서 하는 대사를 보라. 꼬스챠가 "떨려?" 하고 물어보니까, 니나는 다음과 같이 대답한다.

니나 후아, 진짜, 어! 너네 어머니 때문은 아니고 ―그분은 괜찮은데― 근데 뜨리고린 선생님 때문에. 어… 그분 앞에서 연기하는 게 좀 떨려. 부끄러워. 그런 것 같아. 정말 유명한 작가잖아… 젊어?

니나는 뜨리고린 때문에 무척 떨린다고 말한다. 오기 전부터 이미 그렇게 생각하고 왔다. 그 앞에서 연기하는 게 무섭고 부끄럽다는 것은, 그를 이미 의식한다는 것이다. 꼬스챠의 희곡보다 그의 소설을 더 좋아한다. 그리고 젊으냐고 묻는다. 왜? 젊었으면 좋겠다는 속마음이다. 유명한 작가이고, 그의 작품을 모두 읽었다. 훌륭하다. 그런데 만나보니 매력적이다. 말도 청산유수고, 대단한 작가가 평범한 사람과 같은 행동을 한다. 더 좋다. 왠지 다 가진 그가 가여운 생각도 든다. 그러한 대단한 작가를 보는 경외심과 아버지에 대한 콤플렉스가 더해져 한없이 그에게 끌려들어간다. 그를 유혹할 마음을 먹는다.

니나 ➔ 아르까지나

연출가의 질문: 아르까지나를 어떻게 보는가?

대답 혹은 해결: 소문으로 익히 들어 익숙한 그녀의 유명세와 여배우로서 자유분방하고 화려한 생활을 하는 그녀를 부러워하고 동경하지만 두려워하지는 않는다. 때문에 뜨리고린이 그녀의 애인이라는 것을 알면서도 대범하게 대시할 수가 있었다.

꼬스챠 배역의 배우에게

꼬스챠 ➔ 아르까지나

연출가의 질문: 아르까지나를 어떻게 보는가?

대답 혹은 해결: 여배우라는 것을 빙자해 연하 남자나 꼬시고, 예술을 합네 하면서 거들먹거리고, 자식은 안중에도 없고 오직 자신만을 위해서 사는 '속물 여배우'로 본다.

꼬스챠 엄마는 화려한 생활을 즐기고 싶고, 사랑도 하고 싶고, 18살처럼 입고 다니고 싶은데… 제가 있는 거죠. 25살 먹은 아들이. 자기가 젊지 않다는 걸 자꾸 상기시키는 거예요. 제가 없으면 32살일 수 있는데, 제가 옆에 나타나면 43살이 되거든요. (중략) 엄마를 사랑해요. 근데 엄마를 보세요! 담배 피우고, 술 마시고, 그 작가를 옆에 끼고 과시하고 다니면서 신문에 이름이나 오르내리게 하고.

꼬스챠 ➔ 소린

연출가의 질문: 소린을 어떻게 보는가?

대답 혹은 해결: 소린을 아버지처럼, 아니 그 이상으로 사랑하고 좋아한다. 소린에게만 솔직하고, 모든 것을 다 이야기하고, 자유롭고 수다스럽다. 애틋하다. 3막에서 소린이 쓰러지자 엄마에게 엄마가 싫어하는, 그래서 정말 하고 싶지 않았던 돈 얘기를 한다. 소린에게 돈을 빌려주면 도시에서 살수 있을 것이라고.

꼬스챠 ➔ 니나

연출가의 질문: 니나를 어떻게 보는가?

대답 혹은 해결: 니나의 마음을 뜨리고린에게 빼앗기자 자살시도를 할 정도로, 목숨도 불사할 만큼 푹 빠져있다. 엄마인 아르까지나와는 전혀 다르게 매력적이다. 영혼이 맑고 순수하고 자유롭고 또 그러면서도 거침없이 당당하다. 그녀 없는 삶은 상상할 수 없다. 그녀를 만나서 비로소 외로움이 치유되고 행복해졌다. 니나가 떠났어도 그녀를 잊지 못하고 쫓아다닌다.

꼬스챠 → 뜨리고린

연출가의 질문: 뜨리고린을 어떻게 보는가?

대답 혹은 해결: 어머니의 애인인데, 뜨리고린에게 어머니를 빼앗겼다고 생각한다. 거기다가 사랑하는 연인을 가로챈 정적이다. 가로채고 배신해서 결국은 자신이 여전히 사랑하는 니나를 불행의 늪에 빠뜨린 결코 용서할 수 없는 파렴치한이다.

꼬스챠 → 마샤

연출가의 질문: 마샤를 어떻게 보는가?

대답 혹은 해결: 그녀는 삼촌 영지를 관리하는 샤므라예프의 딸일 뿐이다. 자신을 좋아해서 쫓아 다니면서 돌봐주지만 귀찮다. 가장 큰 문제는 그녀가 여자로 보이지 않는다는 것이다. 누이처럼 생각한다. 1막에서 꼬스챠가 도른에게 하는 대사를 보자.

꼬스챠 마샤가 계속 따라 다니고 있어요! 정말 지겨워 죽겠어요.

꼬스챠는 그 대사를 하면서 무조건 화내지는 않을 것이라는 짐작을 할 수가 있다. 그래서 꼬스챠가 마샤를 어떻게 보는가? 그 점을 정리하는 것이 중요한 것이다. 제대로 찾고 나면, 쫓아온 마샤에게 꼬스챠가 대거리 하는 대사의 연기가 어떠해야 할지도 찾아낼 수가 있다. 다음 대사를 서로 상대 배우와 함께 어떻게 연기할지 생각해 보라.

마샤 꼬스챠, 집에 가야 돼요. 어머니께서 찾고 계세요. 많이 속상해하고 계세요.

꼬스챠 나 여기 없다고 전해줘! 집 나갔다 그래! 그리고 제발 나 좀 내버려 둘
래? 그냥 혼자 있게 놔 두라구! 따라다니지 좀 마!

그런 이유로, 배역과 배역 사이의 관계 정의는 대단히 중요하다.

아르까지나 배역의 배우에게

아르까지나 → 꼬스챠

연출가의 질문: 꼬스챠를 어떻게 보는가?

대답 혹은 해결: 1막에서 아들의 자존심을 건드리고 나서 하는 말을 보라.

아르까지나 그럼 대단한 작품이라도 쓴 걸로 판명된 건가요? 그래요? 이따위
것을 준비해서, 유황냄새나 풍기고, 이건 장난이 아니라 나를 공격한 거
라고요! (중략) 정말 지긋지긋해! 항상 이렇게 날 공격하고, 비난하고. 천
박하기는… 오빠 어떻든, 난 정말 진절머리가 나요! 이기적이고 버르장
머리 없는 어린애라니까요! (중략) 그냥 젊은애가 이런 식으로 인생을 낭
비하는 게 싫은 거죠.

아들 꼬스챠에 대한 그녀의 생각이다. 아들이 글을 쓰는 것을 '거들먹거리
면서 허세 부리는 거'라고 생각하고, 아들의 글을 '구닥다리 쓰레기일 뿐'이라
고 매도해버린다. 재능을 알아보지 못하는 것이다. 아들을 몰라도 너무 모른다.
보통의 엄마와는 다르다. 아들에게 아예 관심이 없었다는 것을 알 수 있다.

아르까지나 → 뜨리고린

연출가의 질문: 뜨리고린을 어떻게 보는가?

대답 혹은 해결: 자신의 소유물로 생각하고 집착하며 자신의 마지막 페이지라고 한다.

아르까지나 이렇게 내 눈앞에서 다른 여자 얘기를 꺼낼 정도로 내가 늙고 보기 싫어진 거야? (뜨리고린을 껴안고 키스한다) 오, 당신 지금 제정신이 아냐! 내 아름다운 사랑, 누구보다 멋진 내 사랑… 당신은 내 인생의 마지막 페이지야! (무릎을 꿇는다) 내 기쁨이고, 내 자랑이고, 내 행복이야… (그의 무릎을 안는다) 단 한 시간이라도 당신 없이는, 견딜 수 없을 거야. 난 미쳐버릴 거야. 경이로운 내 사랑, 고귀한 사람, 나의 지배자….

뜨리고린 누가 올지도 몰라요. (아르까지나가 일어나게 돕는다)

아르까지나 오라 그래요! 내 사랑은 전혀 부끄럽지 않으니까. (그의 손에 키스한다) 내 보물, 내 바보같은 사랑, 당신은 자신을 망치고 싶어 하는 것 같은데, 그럴 수 없어, 그냥 내버려두지 않을 거야. (웃는다) 당신은 내 꺼야, 내 꺼… 이 얼굴도 내 꺼, 이 두 눈도 내 꺼, 이 아름답고 부드러운 머리카락도 내 꺼 — 다 내 꺼야!… (중략)

아르까지나 → 도른

연출가의 질문: 도른을 어떻게 보는가?

대답 혹은 해결: 자신을 열렬하게 추종하는 만만한 상대로 보고 있다. 자신이 부탁을 하면 당연하게 들어줄 거라는 믿음을 갖고 있다. 4막에서 로또

게임을 하면서 자기 대신 돈을 내달라고 당당하게 요구한다.

아르까지나 선생님, 제 꺼 대신 내주실래요?

뜨리고린 배역의 배우에게

뜨리고린 → 니나

연출가의 질문: 니나를 어떻게 보는가?

대답 혹은 해결: 아르까지나의 존재에도 불구하고, 그녀의 소유욕에 가까운 사랑을 거부할 정도로, 꼬스챠로부터 그녀를 가로챌 만큼 아르까지나와 다르게 어리고 순수하고 자유롭고 대범하고 당찬 매력을 소유했다. 그 매력에 한눈에 반해서 그녀를 사랑하게 되고, 결과적으로 모스크바로 온다는 말에 기뻐하며 '주소'를 알려준다.

뜨리고린 → 아르까지나

연출가의 질문: 아르까지나를 어떻게 보는가? (어떻게 사랑하는가?)

대답 혹은 해결: 아르까지나의 팜므 파탈적인 매력에 점령당해, 그녀의 소유적 사랑에 익숙해진 상태다. 니나의 사랑을 얻게 되어 벗어나려고 해보지만, 결국 아르까지나에게 굴복하고 스스로 의지가 없다고 말한다.

뜨리고린 → 꼬스챠

연출가의 질문: 꼬스챠를 어떻게 보는가?

대답 혹은 해결: 연인의 아들이고, 새로운 세대를 대표할 작가가 될지도

모른다는 '위협'을 받고 있다. 자신이 쓰지 못하는 것을 쓴다는 인식도 한다. 아니라면, "전혀 이해하지 못해서 그렇긴 한데, 흥미롭게 봤어요"라는 말을 하지 못한다. 꼬스챠 자신의 말대로 거기에 '이해' 못할 것은 사실 아무것도 없다. 더구나 4막에서 꼬스챠가 올린 '연극'을 소재로 글을 쓴다는 말을 하고 있지 않은가!

도른 배역의 배우에게

도른 → 아르까지나

연출가의 질문: 아르까지나를 어떻게 보는가? (어떻게 사랑하는가?)

대답 혹은 해결: 도른은 조건 없이 다 주는 사랑을 한다. 아르까지나의 요구에는 도무지 거절이 없다. 칭찬하라면 칭찬하고—2막 시작할 때, 돈을 내라면 돈을 내고—4막 로또 게임을 할 때, 그렇게 모든 다 들어주고 있다. 2막 시작에서 주고—받는 대사를 보라.

아르까지나 선생님, 누가 더 젊어 보여요?

도른 당신이죠… 당연히요.

도른은 1막 끝에서 마샤의 고백을 들었다. 그래서 마샤를 걱정하면서도 도른은 아르까지나의 편을 들어줄 수밖에 없는 것이다. 아마도 … 어떤 연기를 해야 하는 지 찾아낼 근거가 충분히 될 것이다. 4막 로또 게임에서 주고 받는 대사를 보라. '1초의 시선'을 찾을 수 있다. 그윽한 시선으로 봐줘야 한다.

아르까지나 선생님, 제 꺼 대신 내주실래요?

도른 여부가 있겠습니까?

이제 도른 역의 배우는 작품 전체를 관통해서 도른의 일관된 행동을 찾아낼 수 있다. 그러한 도른의 사랑을 알 수 있는 결정판은 4막 마지막 장면이다. 꼬스챠가 자살한 것을 확인하고 돌아와서 도른은 그 사실을 아르까지나에게 알릴 수가 없다. 도른은 연적이나 마찬가지인 아르까지나 연인 뜨리고린에게 꼬스챠가 자살했으니 아르까지나를 어디론가 빨리 데리고 나가기를 부탁한다. 아마 뜨리고린에게 알린 이유에 질투가 담긴 의도도 있었겠지만 그보다 더 큰 이유는 도른의 무조건적인 사랑이다. 처음부터 끝까지 아르까지나를 배려하는 사랑을 한다. 이제 마지막 도른의 '대사 전 연기'를 찾을 수 있다. 꼬스챠의 자살을 알고 돌아와서 도린이 아르까지나를 어떻게 볼지 그 '1초의 연기'가 분명해진다. 도른 역의 배우는 그 순간의 '1초의 시선'을 찾아야 한다. 어떻게 바라볼까? 어떤 침묵? 어떤 멈춤?

도른 → 뽈리나

연출가의 질문: 뽈리나를 어떻게 보는가? (어떻게 사랑하는가?)

대답 혹은 해결: 도른은 자신을 좋아하는 여자들에게 모두 친절하다. 신사다. 뽈리나에게 주는 '애정'은 그런 친절에 조금 더한 애정일 것이다. 그의 대사와 뽈리나의 대사로 충분히 짐작할 수 있다.

샤므라예프 → 소린

연출가의 질문: 소린을 어떻게 보는가?

대답 혹은 해결: 관리 생활은 어떻게 했든지 간에, 영지 경영에는 전혀 문외한이고 무능한 주인이다. 말이 주인이지 나 없이는 영지를 유지할 수조차 없다. 그러니 별 위협이 되지 못한다.

샤므라예프 → 아르까지나

연출가의 질문: 아르까지나를 어떻게 보는가?

대답 혹은 해결: 온 동네가 다 아는 소린 가의 유명한 여배우. 그 소린 가의 영지를 관리해주고 있으니 저절로 목에 힘이 들어간다. 자기가 아니면 안 된다. 그 유명한 여배우가 내 덕분에 여름이면 고향으로 내려와 휴가를 보낼 수가 있는 것이다.

샤므라예프 → 뽈리나

연출가의 질문: 뽈리나를 어떻게 보는가?

대답 혹은 해결: 삶에 필요한 가정을 꾸리기 위해 결혼한 여자. 아이를 낳아주고 집안일을 해주고, 자신의 영지 경영에 방해만 되지 않으면 되는 마누라.

샤므라예프 → 마샤

연출가의 질문: 마샤를 어떻게 보는가?

대답 혹은 해결: 마샤, 즉 딸이 아버지를 싫어하는 데는 이유가 있을 것이

다. 마샤를 별로 이뻐하지 않았을 것이다. 아들이 아닌 딸로 태어난 것도 별로인데, 다 커서는 꼬스챠에 대한 외기러기 짝사랑으로 불행해하면서 상복을 입고, 술을 마시고, 담배를 피우고, 꼴불견이다. '메드베젠꼬와 결혼을 하든, 너의 인생은 너의 인생이다. 다만 내 삶의 목표인 일, 영지 경영과 관련해서 민폐만 끼치지 말거라' 그런 태도다.

샤므라예프 ➔ 도른

연출가의 질문: 도른을 어떻게 보는가?

대답 혹은 해결: 모르긴 몰라도, 아르까지나에 대해 은근히 경쟁자라는 되지도 않는 생각을 하지 않을까?

샤므라예프 ➔ 메드베젠꼬

연출가의 질문: 메드베젠꼬를 어떻게 보는가?

대답 혹은 해결: 처음에는 딸 마샤를 치울 생각에 집에 드나드는 것을 허락하지만, 지참금은 한 푼도 줄 수 없다. 결혼하고 난 뒤에는 사위라 해도 눈 하나 꿈쩍 하지 않는다. '딸도 별로 마음에 안 드는데, 아무리 교사라고 해도 가난한 사위는 더더욱 싫다. 사위라는 이름으로 엉겨 붙을 생각은 꿈에도 못하게 해야지' 그런 태도다.

뿔리나 배역의 배우에게

뿔리나 ➔ 아르까지나

연출가의 질문: 아르까지나를 어떻게 보는가?

대답 혹은 해결: 영지 주인인 소린의 여동생이자 유명한 여배우이기 때문에 지위 관계에 따른 복종심을 갖고 있으며, 내심으로는 부러움과 질투의 눈으로 본다. 특히 자신이 사랑하는 도른이 그녀를 사랑하므로 그것 때문에 더 부럽다. 도른이 아르까지나를 위할 때마다 질투의 눈으로 볼 것이고, 화가 날 것이며, 그 화살은 도른을 향할 것이다. 아마 속으로 '왜 나에게는 저렇게 안 해주는 거야!' 그런 생각으로 질투의 눈으로 쏘아볼 것이다. 그러므로 1막 첫 등장에서부터 4막까지 뽈리나가 할 만한 행동들을 찾을 수가 있다. 등장하는 순간부터 배우는 존재해야 한다. Acting is Being. 오히려 뽈리나의 대사에서 도른이 아르까지나에게 어떻게 행동하는지 더 구체적으로 알 수가 있다. 1막에서 도른에게 내뱉는 뽈리나 대사를 보라.

뽈리나 아르까지나, 그녀와 얘기하는데 정신이 팔려서 추운 것도 잊으시더군요. 그분 좋아하시죠? 맞죠? 인정하세요. (중략) 남자들은 여배우라면 꼼짝을 못하죠. 남자들은 다 그래요.

뽈리나 → 도른

연출가의 질문: 도른을 어떻게 보는가? (그를 어떻게 사랑하는가?)

대답 혹은 해결: 단 1년만이라도 같이 살아보고 싶은 남자다. 생각해보라. 뽈리나는 기본적으로 감성이 풍부하다. 정이 많다. 자기감정 표현에 솔직하다. 한번만 같이 살아달라고 매달리지 않겠는가? 1막에서 도른이 "내가 어떻게 해주기를 바래요?"라고 허를 찔렀을 때는 아무런 대답도 못하고 딴청을 피웠지만, 2막에서는 남편의 천박함에 질린다면서, 급기야는

같이 살자고 매달린다.

> **뽈리나** 예브게니, 내 사랑, 제발요! 여기서 데려가줘요! 같이 살게 해줘요. 우리 이제 더 이상은 젊지 않지만, 그래도 아직 늦지는 않았어요. 이제 서로 거짓말은 그만해요, 우리 인생이 다 끝난 척 하지 말아요….

뽈리나 → 마샤

연출가의 질문: 마샤를 어떻게 보는가?

대답 혹은 해결: 엄마는 엄마다. 동병상련. 자신처럼 이루어지지 않는 사랑에 목매는 딸이 안쓰럽다. 말도 못하고 가슴앓이 하는 것이 너무나 애처롭다.

> **뽈리나** (중략) 꼬스챠… 우리 마샤한테 좀 더 다정하게 대해주면 안 될까?
> **마샤** (잘 자리를 만지며) 방해하지 마세요, 엄마.
> **뽈리나** (꼬스챠에게) 정말 좋은 애야. (중략) 너 보면 가슴이 아파서 그래. 니가 어떨지 다 알아. 엄마가 다 알아….

소린 배역의 배우에게

소린 → 아르까지나

연출가의 질문: 아르까지나를 어떻게 보는가?

대답 혹은 해결: 17살이나 차이가 나는 늦둥이 동생. 부모에게 엄청난 사랑을 받았을 것이다. 부모가 모두 아르까지나가 어릴 때 일찍 돌아가셨을 수도 있다. 그래서 소린이 모스크바로 일찍 불러 올려서 학교도 보냈을 것

이다. 부모 대신이었을 것이다. 귀족이 배우가 되는 일은 그렇게 흔한 일이 아니다. 환경적으로 이유가 있을 것이다. 부모가 아닌, 오빠라서 완강하게 반대하지 못했을 것이고, 스스로 자유롭게 선택할 수 있었을 것이다. 더구나 오빠 소린은 작가가 되고 싶었다. 그러므로 여동생이 여배우인 것이 자랑스럽다. 존경한다고 할 정도로 여배우로서도 대단히 높이 산다. 돈 한 푼 보태주지 않아도 크게 노여워하지도 않는다.

소린 → 꼬스챠

연출가의 질문: 소린은 꼬스챠를 어떻게 보는가?

대답 혹은 해결: 사랑하는 여동생의 아들이다. 어머니의 무관심으로 사랑받지 못한 조카를 가여워 한다. 꼬스챠의 얘기를 무조건 다 들어주는 우군이다. 대학을 중퇴하고 영지로 와서 살고 있는 조카를 여동생을 대신해서 사랑으로 품어준다. 그러나 부모의 사랑을 받지 못하고, 이미 다 커버린 꼬스챠에게 충분하지 않다는 것을 안다. 여배우로서 자기 몸치장만이 중요한 여동생은 돈을 쓰는 것에서는 아들에게조차 인색하다.

3막의 소린과 아르까지나 대사를 보라.

소린 어떻게 말해야 될지 잘 모르겠는데… 음, 다른 이유도 있는 것 같아. 너
도 잘 알겠지만, 똑똑한 아이잖아, 그런데 여기 시골에 갇혀 있는 거지,
아무것도 없는 곳에서. 돈도 없고, 일도 안하고, 미래도 없고. 아무것도
안하고 있다니까. 계속 이렇게 지내는 게 창피스럽고, 앞으로 어떻게 될
지 걱정도 되는 거야. 내가 얼마나 그 애를 아끼는지 잘 알지? 그 애도

날 잘 따르고 있고. 그래도 그게… 그러니까 내 말은 여기서는 자기가 쓸모없다고 느껴지고, 나한테 빌붙어 지낸다고 생각하는 것 같다. 자존심이 너무 상하는 거지.

아르까지나 걔 때문에 정말 골치 아파요! (생각한다) 어디 취직이라도 시켜보면 어떨까요?…

소린 (휘파람을 분다, 그리고 망설인다.) 내가 봤을 때, 제일 좋은 방법은 니가 좀… 그러니까 돈을 좀 줘보는 게 어떨까. 제대로 된 옷도 사 입고 다니게. 좀 봐라. 3년 동안 똑같은 옷만 입고 다니잖냐. 걔는 밖에 걸치고 나갈 옷도 없어…(웃는다) 그리고 여기서 잠깐 떠나 있는 것도 도움이 될 거다. 여행 같은 거라도 다녀오게 …돈이 그렇게 많이 들지도 않을 거고.

아르까지나 생각해 볼게요. 옷 같은 건 사줄 수 있을 거 같고요, 근데 여행까지는… 아니다, 지금은 옷도 힘들 거 같아요. (완강하게) 제가 돈이 없어요! (소린 웃는다) 없다니까요!

두 사람의 대사에서 꼬스챠를 어떻게 생각하는지 명확하게 드러나고 있다. 그러던 차에 4막에서 꼬스챠가 작가가 된다. 꼬스챠가 작가가 된 것을 가장 좋아하는 사람이 소린이다. 자신이 작가가 되고 싶었던 이유도 한 몫한다. 그러한 상황이 4막 전체 내용의 중요한 계기가 된다. 이 문제는 뒤에 다시 자세하게 얘기해보기로 하자.

소린 ➜ 샤므라예프

연출가의 질문: 샤므라예프를 어떻게 보는가?

대답 혹은 해결: 자신은 물론 여동생에게도 인색한 고약한 폭군이지만, 영지 경영을 너무 잘해주니 어쩔 수 없이 그 앞에서는 큰소리도 치지 못하고 관대할 수밖에 없다.

소린 ➡ 니나

연출가의 질문: 니나를 어떻게 보는가?

대답 혹은 해결: 조카의 연인으로, 반할 만큼 젊고 너무나 사랑스럽다. 조카와 잘 되기를 너무 바랐다. 그러나 결국은 조카 꼬스챠를 버리고 뜨리고린에게로 갔다. 꼬스챠를 힘들게 하는 존재로 바뀌었다. 이 사실은 꼬스챠가 작가가 된 것과 더불어 4막 전체 내용의 계기가 된다.

자기 배역이 상대하는 상대 배역을 어떻게 보는가? 이 문제에 대한 해결은 배우 연기와 관련된 거의 모든 문제가 결부되어 있다. 태도를 결정할 수 있으며, 행동을 찾을 수 있고, 말투도 역시 결정이 된다. '태도, 행동, 말투' 등은 배우가 배역을 창조해내기 위한 '보이는 작업'으로서 반드시 해야 하는 '신체화'는 물론이고 '성격'을 부여하는 데 있어서 대단히 중요하다. 이제 배우가 그 문제를 반드시 해결해야만 하는 첫 번째 이유가 구체적이고 명료해졌을 것이라고 생각된다. 두 번째로 중요한 이유를 풀어보기로 하자.

연출가의 질문: 소린이 '꼬스챠를 어떻게 보는가? 니나를 어떻게 보는가?'에는 4막과 관계된 매우 중요한 '계기'가 들어있다. 무엇인가? 4막 전체의 계기는?

대답 혹은 해결: 계기란 말을 먼저 풀어보라. 이 말에 쓰인 한자 '계(契)'에는 맺는다는 의미가 있고, '기(機)'는 틀이라는 의미다. 단어의 의미를 풀면, "어떤 일이나 사건이 일어나는 결정적인 원인이나 기회. 철학적 풀이—사물의 운동이나 변화 발전과정을 결정하는 본질적인 사정"이다. 즉, 4막 전체 내용의 틀을 결정하는 '본질적인 사정'이 무엇인가? 그 질문이다.

4막 전체를 결정하는 본질적인 사정, 다시 말해서 4막 전체를 결정하는 계기는 니나의 귀향이다. 더 구체적으로는 니나의 귀향으로 인해서 꼬스챠에 대한 걱정과 불안감으로 인한 소린의 병세 악화다. 메드베젠꼬와 함께 등장해서 4막 시작을 여는 마샤의 대사를 보라.

> **마샤** (부른다) 콘스탄찐! 콘스탄찐! (주위를 둘러본다) 아무도 없네. 노친네가 '꼬스챠는 어딨니, 꼬스챠는 어딨니' 계속 찾는데, 그 사람 없으면 못사시겠나 봐요.

질문이 명확하면 해결 역시 아주 쉽고 명확해질 수밖에 없다. 니나가 왔다는 사실을 소린은 들었고, 그 소식을 들은 극도의 불안함으로 병이 났고 계속해서 꼬스챠만을 찾는다. 왜? 너무나 걱정이 되기 때문이다. 소린의 마음을 알리가 없는 두 사람은 그저 자기들 방식대로 해석한다. 더구나 소린은 꼬스챠를 찾아, 꼬스챠 방에서 함께 자겠다고 고집한다. 꼬스챠와 함께 침구를 들고 온 뽈리나와 마샤가 나누는 대화를 들어보라.

마샤 그건 왜요, 엄마?

뽈리나 뾰뜨르 니꼴라에비치가 오늘 밤 여기서 주무신대. 꼬스챠 방에서.

마샤 제가 할께요.

뽈리나 (한숨 쉰다) 나이 들면 어린애 같아진다니까.

이제 너무나 분명해진다. 소린이 꼬스챠를 걱정하는 마음이 어느 정도인지 알길 없는 뽈리나는 자기 생각대로 해석하고 말지만, 사실은 그게 아니다. 하필이면 여행을 갔다 오느라 저간의 사정을 제대로 모르는 도른이 여동생 아르까지나를 불렀고, 그녀는 다시 뜨리고린을 불렀다. 2년 전 사건의 악몽들이 되살아나는 불안감을 어쩌지 못해서 급기야 소린은 꼬스챠의 방에서 함께 자겠다고 우긴다. 아버지 마음인 것이다. 4막의 불안한 분위기는 단지 날씨에 의해서 해결되지 않는다. 소린의 불안함이 더해져야 하는 것이다.

소린 역시 수동적인 배역이 아니다. 누구랄 것도 없이 모두가 우리 중 누군가를 대표하는 주인공이다. 각각을 주인공으로 정하고 관계 정의를 하고 자기 배역이 상대 배역을 어떻게 보는가를 찾아내면 어느 배역이랄 것 없이 살아있는 인간의 모습들이 보인다. 그들 주인공들 마음이 다 짠하다. 그 시간들에 대한 기억은 그렇게 배역들과 깊이 교감하면서 배역들과 함께 산 시간으로 남아있다.

남은 이야기: 결코 오지 않는 순간, 과거와 미래만 있는 우리의 삶. 너무나 오래 염원했던 작품이라서 그랬을 것이다. 그렇게 온 몸으로, 자기 파괴적으로 살아낼 수 있었던 것은, 배우들이 바쁜 만큼, 그리고 내가 그토록 염원했던 만큼 배우들이 그 마음들을 '생활'할 수 있도록 열심히 문제를 찾아내

고 질문을 던져주었다. 그런데 너무 넘쳤던 모양이다. 지금 거리를 갖고 생각해보니, 그들은 배우의 속성대로 탓을 할 '구두'가 필요했던 것이다.

과거는 과거다. 이 책은 미래를 위해서 쓰는 것이므로, 배우들 스스로 잘 읽고 판단해서 넘치면 깎아내버리고 부족하면 채우면 된다. 단지 하나 내가 해줄 수 있는 말은 탓할 '구두'를 찾고 싶은 마음이 들지 않으려면 스스로 질문을 던질 수 있어야 한다. 질문을 찾기만 하면 된다. 배역에 대해 질문만 있으면 된다. 질문이 없으면 아무것도 찾을 수 없다. 결국 그냥 lettering만 하게 된다. 아니면 결과로 얻어진 감정 남발이거나. 필요한 것이 있으면 물음표를 갖게 되고 물음표에 대한 해결 방법을 찾게 되고, 반드시 실행에 옮기는 작업을 하게 된다. 연기예술은 함께 만드는 상호간의 작업이다. 상대 배역의 감정을 알아채려면 상대 배역에게서 어떻든 감정이 드러나는 그 '무엇'이 있어야 한다. 거꾸로, 연기 역설로 생각하면 반드시 그래야 하는데, 내가 먼저 상대 배우가 내 배역의 감정을 알아채게 해주어야 한다. 다시 말해서 나 역시 내 배역의 감정을 상대 배우가 알아챌 수 있도록 그것이 행동이든 표정이든 태도든 아니면 대사의 뉘앙스든 그 '무엇'을 드러내줘야 한다.

3 장

희곡 분석

3 장

희곡 분석

연기(Play) 기술 장착, 셋 — 객관적 읽기 & 초감각적 듣기

고대의 이야기꾼에게 Play는 서사를 이야기로 바꾸는 스토리텔링 (storytelling) 이었다. 이야기는 자신들이 보고 들은 먼 곳의 삶을 생생하게, 실감나게 전하기 위해서 자신의 모든 감각을 동원한 상상력을 가미해서 재구성한 서사였다. 현대의 배우들은 희곡이라는 텍스트로 이야기를 만난다. 작가에 의해 창조된 희곡 작품이다. 작가의 글은 배우에게 문자가 아니라 소리이고, 이야기인 것이다. 고대의 이야기꾼은 먼 곳에서 보고 들은 이야기를 실감나게 전해주기 위해서 상상력이 필요했고, Play를 해야 했다면, 현대의 배우들은 시간으로나 거리로나 먼 곳의 이야기를 기록한 작가의 희곡을 실감나게 Play 하기 위해서 우선 스토리텔링의 상상력이 필요하다.

배우는 독자로서 작가의 글을 읽는 것이 아니라 청자로서 듣는 것이다. 듣고 스토리텔링을 해야 한다. 작가는 이야기꾼으로서의 상상력으로 모든 감각을 동원해서 배역의 행동을 보고 듣고 언어로 묘사한다. 그 행동을 상상하면서 언어로 묘사하는 것이다. 그런데 작가가 이야기를 쓸 때는 실제 대상이 눈앞에 없다. 상상 속에 있다. 상상 속에서 움직이고 말을 한다. 배우는 그 과정을 거꾸로 해야 한다. 작가처럼 상상해야 하는 것이다. 글을 읽고, 듣고 이야기꾼으로서 배우는 작가의 행동묘사를 몸으로 재현해낸다.

Play다. 그래서 객관적으로 읽기와 초감각적으로 읽기가 동시에 필요하다. 초감각적 듣기에 필요한 것은 '청각적 상상력'이다.

현대의 배우는 이야기꾼의 이야기를 듣고 행동으로 보여주는 존재다. 배우는 먼저 자신이 아닌 이야기꾼으로서 이야기를 제대로 보고 들어야 한다. '작가처럼 상상하기' 위해 작품에 대한 무지를 인정해야 한다. 당연히 배우가 창조한 것이 아니므로, 배우는 작품 전체에 대해 전혀 아는 것이 없다. 인물에 대해서도 같다. 작가에 의해서, 작가의 경험으로 창조된 인물에 대해서도 무지하다는 것을 인정해야 한다.

연출가의 질문: '작가처럼 상상하기'란?

대답 혹은 해결: 작가와 배우는 서로가 서로를 필요로 하는, 서로 상보관계에 있는 공동창작자이다. 그래서 필요한 연기술이, 타자성을 토대로 거리를 갖고 읽는 '객관적 읽기'와 온몸을 동원해서 모든 감각으로 상상하는 '초감각적으로 듣기'다. 구체적인 훈련 기술로 내가 제시하는 특별한 방법은 '문장 쪼개기'와 '단위 나누기'다.

'작가처럼 상상하기'는 작가가 작품을 쓸 때, 자기가 쓰려는 작품의 주제와 목표를 어떤 인물을 통해서 구현할 수 있는가?를 고민하고, 인물을 창조할 때 그 문제를 해결하기 위해서 어떻게 상상했을까? 혹은 어떤 인물을 모델로 삼았을까? 등등, 정말 작가처럼 상상하고 관찰하고 경험하는 것이다. 이 지점에서 대본 이해(보고 느끼는 것이 포함된 듣기)를 위한 인문학적인 내공과 '감정이입'을 연기 역설로 바꾸는 '감정수입' 능력이 필요해지는 것이다.

■ 감정수입(感情受入) & 감정이입(感情異入)

'감정이입'과 '감정수입'은 같지만 다르다. '감정이입'은 자연스럽게 상황에 대한 반응으로 저절로 일어나는 일이다. 연극에서 저절로 일어나는 감정이입은 관객이 결과적으로 얻게 되는 경험이어야 한다. '감정수입'은 거리를 두고 의지로 감정을 이해하고 받아들여주는 것이다. 무대에서 연기하는 순간순간에 배우가 배역의 감정에 몰입할 수 있게 되는 것과는 다르다. 이미 연기로 구축해놓은 배역의 감정이 배우의 감정수입으로 몰입에 이르게 하는 것은 Play의 최고의 경지다. 배우는 배역을 깊이 받아들이는 가운데 배역의 감정을 알고 이해해서 그 배역에게 모든 '주어진 상황'을 연기로 살려내서 관객이 '경험'할 수 있도록 실감나게 전할 수가 있게 된다.

연출가의 질문: 왜 '감정수입'이라야 하는가?

대답 혹은 해결: 말이 갖고 있는 스코어는 단어마다 다 다르다. 대사를 인물의 말로 '듣기'를 할 수 있어야 한다. 듣기를 위해 객관적 읽기를 해야 하고, 객관적 읽기를 위해 문장//쪼개기를 해야 하는 것이다.

이 모든 과정은 물론 관객에게 이야기를 말로 행동으로 들려주기 위한 기본 작업이다. 배우는 관객에게 이야기를 들려주는 '꾼'이라는 사실을 잊으면 안 된다. 배우가 그 사실을 잊으면 말도 사라진다. 말이 사라지면, 관객이 들을 수 없다는 의미이고 더 중요한 것은 '꾼'이 사라진다는 것이다.

연습 전에 연출과 함께 하는 '준비' 단계에서 시작해야 한다. 그런 이유들 때문에 절대로 소리 내서 '읽기'부터 해서는 안 된다고 강조한 것이다. 본격적으로 연습에 들어가기 전에 자기 배역의 대사는 물론 등장인물 전체의 대사를 들어야 한다. 들리고 보이고 느껴질 때까지 배우 자신의 목소리를 내지 말고, 배역의 목소리를 들으려고 하라. 또한 배역의 움직임과 행동을 보려고 하라. '준비' 작업을 얼마나 충실하게 했는가에 따라서 인물의 이미지가 상상되는 정도가 결정이 된다. 청각적 상상력을 확장시켜라. '초감각적 듣기'를 터득하라. 희곡 분석의 제일 단계는 듣기다.

1. 희곡 듣기

배우는 이야기를 들려주는 사람, 이야기꾼이다. 이야기꾼은 이야기를 재 밌게 잘해야 한다. 이야기를 제대로 전달하기 위해서는 잘 들어야 한다. 잘 듣고 스토리텔링을 잘해야 한다. '꾼(Player)'이라는 것이 중요하다. '꾼'은 그 야말로 '달인'을 일컫는다. 연기 역설의 원칙에 의해서 배우(이야기꾼)의 대본 읽기는 반드시 모든 감각을 동원한 듣기가 되어야 한다. 감각을 뛰어넘는 초감각적인 듣기가 되어야 한다. 우리의 삶에서 경험한 것만으로 해결되지 않는다. 칸트가 말하는 타고난 경험 '선험적인 지식'까지 기억해내야 한다. 초감각적인 듣기다.

연극(Play)에 대한 나의 기본적인 관점은 연극(Play)은 말 그대로 연극(Play) 이란 것이다. 그러므로 연기(Play) 역시 본질은 Play라고 생각한다. 배우는 인물을 연기(Play)해주는 사람, 즉 이야기꾼이다. 인물을 통해서 그 사람을 보여주는 일이다. 배우는 다양한 사람들을 보여줘야 한다. 배우는 다양한 사람이 될 수 없다. 모방, 즉 재현할 뿐이다. 재현하는 사람, 이야기꾼인 것 이다. 이 지점에서 '어떻게 들려줄 수 있는가?'와 '어떻게 보여줄 수 있는 가?'의 문제가 대두된다. 그래서 기술이 필요하게 되는 것이다.

객관적 읽기는 Play를 위한 기본 장치다. Play를 위해 배우가 장착해야 할 기본적인 기술이다. '꾼'은 듣는 사람들을 전제로 한다. 상대가 있다는 말이다. 배우가 '꾼'이라는 것을 전제로 해서 연기 역설의 원칙에 따라서 'target'이라는 관점으로 '여덟 개의 거미 다리'로 배우가 '이야기'를 관객에게 어떻게 들리도록 할 수 있는가를 밝혀준 데클란 도넬란의 발견은 '꾼'으로서의 배우의 정체성과 배우의 기능을 정확하게 짚어주고 있다. Play 기술로서 그의 연기술을 흡수하는 것은 배우에게, 배우 자신의 연기 접근 스타일에 상관없이 유용하다. 내가 배우들에게 알려주고 싶은 특별한 연기 기술은 스타니슬랍스키 시스템 중 단위//나누기와 연기술로서의 나의 문장//쪼개기라는 비기이다.

■ 문장//쪼개기

모든 대사는 반응이다. 상대에 대한 반응, 목표점으로부터 나오는 반응으로 해결해야 한다. 문장 쪼개기 기술을 통해서 터득해야할 것 중의 하나는 문장과 문장(대사와 대사) /사이/에서 Reacting해야 할 '1초의 연기'를 찾는 법을 터득하는 것이다. 배우들이 '대사 전 연기'인 대사 직전의 /사이/ 그 1초를 많이 놓친다. 앞의 대사, 즉 상대의 대사와 내 배역의 대사 /사이/를 생각해라. /사이/ 그 1초가 연기의 뷰포인트가 되는 경우가 많다는 사실을 안다면, 그 1초를 소홀하게 생각하지 않을 것이다. 특히 주인공들과 그들 각각의 연적들 '사이' 미묘한 심리적 갈등 연기가 필요한 「갈매기」에서 '1초의 연기' '연기의 뷰포인트'를 찾는 것은 특히 공연의 성패를 가르는 매우 중요한 작업이다.

문장//쪼개기 과정은 배우의 몫이다. 그 구체적인 방법은 『문장//쪼개기』에 있다. 작품을 할 때마다 익히고 또 익히면 단지 연기의 뷰포인트를 찾아내는 능력만이 생기는 것이 아니라, 그 비기가 담고 있는 더 많은 능력들이 장착될 수 있다.

■ 단위 나누기

단위//나누기는 긴 이야기(희곡)를 이야기하기 좋게 단위로 나누어서 묶는 기술이다. 그리고 대본을 객관적으로 '듣기' 위해 반드시 필요한 기술이고, 배역의 행동을 제대로 '보기' 위한 기술인 것이다. 행동의 순서대로 그림으로 연결하면서 보기 위한 기술이다. 그래서 행동 찾기의 기술이다. 스타니슬랍스키 연기 시스템에서도 특별한 작품 분석 과정이다.

러시아 배우들에게 전설로 기억되며, 유럽과 미국에서 특출한 배우들을 키워내기도 했고, 특히 '심리제스처'라는 독특한 연기 접근법으로 알려진 미하일 체홉이 자신의 스승인 스타니슬랍스키의 시스템 중 가장 위대한 발견이라고 했던 바다. 영리한 연출가라면 이 탁월한 기술을 놓칠 리가 없다. 미국의 현대 연출가 마이클 블룸의 연출 방법의 핵심이 바로 단위 나누기다. 어떻든 제대로 활용하는 방법을 알아야 기술로 장착할 수 있다. 스타니슬랍스키『배우 수업』'제7장 단위와 목표', '15장 초목표'를 함께 탐구하라. 배우가 배역의 초목표, 연기의 초목표를 어떻게 잡느냐에 달린 것이다.

물론 완전한 정답 지도는 없다. 배우의 길은 배우 스스로 내는 것이다. 지금 내가 「갈매기」 연출 작업에 적용하는 대가들의 모든 기술은 결국 이야기꾼으로서 관객에게 이야기를 잘 들려주기 위한 것을 목표로 한다.

나는 여기에서 「갈매기」 2막의 꼬스챠가 퇴장한 뒤, 뜨리고린이 등장해서 니나를 만나 자신의 창작 과정에 대해 길고 장황하게 설명하는 한 장면을 예로 보여주려 한다. 특히 이렇게 독백처럼 긴 대사가 있을 경우, 그 긴 대사를 제대로 Play(연기)하기가 쉽지 않기 때문에, 연기의 변화와 재미, 연기의 뷰포인트를 제대로 찾아내려면 단위 나누기는 필수적이다.

뜨리고린 (노트에 적으며) … 코담배를 피우고, 술을 마시고… 항상 검은색 옷을 입고 다닌다. 어떤 학교 교사가 그녀를 사랑한다.

니나 안녕하세요!

뜨리고린 오, 안녕하세요! 예상치 못한 일이 생겨서요. 오늘 떠날 것 같습니다. 서로 얘기할 기회가 없었네요. 아쉽게도요. 그쪽처럼 어린 나이의 여성 분들과 만날 기회는 많지 않아서, 어떤지 다 잊어버렸어요. 18살, 19살 정도의 사람들이 어떤 생각을 하면서 살고 있는지 잘 기억나지 않는 거죠. 그래서 내 작품에 나오는 인물들 중에 나이가 어린 여자들은 뭔가 딱 들어맞지가 않죠. 잠시라도 좋으니까 그쪽하고 바꿔서 살아보고 싶네요, 그래서 무슨 생각을 하는지 그리고 어떤 종류의 사람인지 알고 싶어요.

니나 저는 선생님의 삶을 살아보고 싶어요.

뜨리고린 왜죠?

니나 유명한 작가가 된다는 건 어떤 느낌인지 알고 싶어요. 유명하다는 건 어떤 느낌이세요? 처음에 유명해지셨다는 걸 어떻게 아셨어요?

뜨리고린 유명하다는 거요? 잘 모르겠는데. 생각해본 적도 없구요. (잠시 생각한다) 그쪽이 나에 대해 너무 과장해서 생각하거나, 아니면 내가 유명하다는 것에 아무 느낌이 없거나, 둘 중 하나겠지요. 난 아무것도 안 느껴지거든요.

니나 신문에 이름이 실리면 그건 어떠신데요?

뜨리고린 좋은 기사가 나면, 기분이 좋고요, 안 좋은 기사가 나면 이틀 정도 기분이 나쁘죠.

니나 정말 멋질 것 같아요! 너무 너무 부러워요! 사람마다 각자 운명이 다 다르잖아요? 어떤 사람들은 그냥 겨우 겨우, 눈에 띄지도 않고 지루하게 살아가죠. ― 다 똑 같고요, 다 불행해보여요. 아주 가끔 다른 사람들도 있어요. 선생님 처럼요. 백만 명 중 한 명이겠지만요! 눈부시게 빛나고, 재미있고, 정말 의미 있는 삶을 살아가시죠. 행복하시잖아요.

뜨리고린 행복하다고요? 나보고요. (어깨를 으쓱한다) 흠, 지금 행복이니, 눈부시게 빛나고 재미있는 삶이니 그런 얘기를 하는데 좀 거창한 것 같네요. 그런 건 나한테 별 의미가 없어요. 안타깝지만요. 그런 것들은 아직 먹어보지 못한 작은 젤리과자 같은 거예요. 젊음이 느껴지네요. … 정말 좋은 사람 같아요.(사이)

니나 선생님은 너무너무 멋지게 살고 계세요!

뜨리고린 도대체 뭐가 멋진가요? (시계를 본다) 일하러 갈 시간이네요. 글 쓰러요. 미안해요, 정말 시간이 없어서 (웃는다) 그쪽이 저의 가장 민감한 곳을 건드려서, 좀 혼란스럽고 화가 나네요. 좋아요, 한번 얘기해볼까요? (잠깐 생각) 사람들이 어떤 일이나 생각에 사로잡힐 때가 있어요. 예를 들어 누군가가 밤낮으로 달에 대해서만 생각하고, 달만 쳐다본다고 생각해볼래요? 내가 그래요. 하루 종일 글 쓰는 일에 대해서만 생각해요. 나는 써야 합니다. 써야 해요. 하나를 마치면, 다른 것을 쓰기 시작해야 하고, 그 다음에 세 번째 작품으로, 끝나면 네 번째로. 멈추지 않고 써요, 마치 급행열차 처럼요. 그것 말고는 방법이 없어요. 자, 다시 물어볼게요. 도대체 이게 뭐가 멋지고 화려하다는 거죠? 이건 정말 바보 같은 생활 이에요! 여기서 이렇게 얘기하고 있고, 또 약간 흥분도 했지만 그러면서도 가서 마저 써야 되는 소설이 있다는 생각을 단 1초도 멈추지 않고 있거든요. 구름을 볼 때도, 저기 피아노처럼 생긴 구름이면 이런 생각을 하는 거예요. '이걸 써먹어야겠다, 인물 중 한명이 피아노처럼 생긴 구름을 바라보게 해야지'라고요. 오렌지 자스민 꽃향기를 맡으면, 머릿속에 적어두죠. '심하게 달콤한 향기, 미망인의 색깔, 여름 저녁을 묘사할 때 써먹어야지' 지금 우리가 나누는 대화에서 사용하는 단어들도 모두 머릿속에 입력하죠. 언젠가 써먹으려고요! 작품을 마치면 공연을 보러가거나, 낚시 하러 가서 휴식을 취하고 다 털어버리려고 하죠. 근데 그럴 수 있을 것 같아요? 거대한 쇠공이 머릿속을 굴러다니기 시작하죠. 새로운 이야기를 위한 아이디어가요. 나는 낚시 바늘에 끌려올라가듯이 책상 앞에 앉게 돼요. 쓰고 쓰고 또 써야 돼요. 한시도 쉬지 않구요! 절대로 쉬지 못해요. 내 일이 내 인생을 먹어 치우고 있어요. (사이) 제정신처럼 안 보이죠? 내 친구들과 가족들은 나를 어떻게 생각할 것 같나요? 나한테 이렇게 물어보죠. '요새 뭐 쓰는데?' 항상 똑같아요. 사람들의 관심과 찬사와 인기가 다 거짓인 것처럼 느껴져요. ― 사람들이 나 스스로가 미쳤다고 생각하게끔 나를 속인 다음, 어느 날 뒤에서 살금살금 다가와 나를 붙잡아서 정신병원에 끌고 갈지도 몰라요. 젊었을 때는, 아등거리기만 했고 글 쓰는 건 정말 끔찍했어요. 시작하는 작가의 경우, 만약 운이 없다면, 있지 말아야할 곳에 있는 것처럼 ― 불편하고 불안하고 자신이 쓸모없는 인간처럼 느끼게 되죠. 성공한 작가나 예술계 인사들에게 목을 매고 그 주위를 서성거리지만, 아무도 알아주는 사람은 없어요. 그러고 나면 무서워서 누구와도 눈을 못 마주치죠. 마치 돈 한 푼 없는 도박 중독자 처럼요! 나는 한번도 내 독자들을 만나본 적은 없지만 나에게 적대적이고, 나를 별로 대수롭지 않게 여길 거라고 생각해요. 나는 대중들이 무섭고 겁나요. 신작이 공연되면 항상 이렇게 생각하죠. 키가 큰 관객들은 내 공연을 싫어할 거고, 키가 작은 관객들은 지루해할 거라고요. 정말 끔찍해요!

니나 그래도 창작하시면서 예술적 영감을 받게 되면, 만족스럽거나 신나지 않으세요?

뜨리고린 (아뇨) 아, 글 쓰는 자체는 나쁘지는 않아요. 그리고 다 쓰고 교정보는 것도 즐거운 일이구요. 근데 책이 출판되고 나면, 그걸 읽는 일은 최악이에요. 얼마나 잘못 썼는지 눈에 보이기 시작하고, 이딴 건 쓰지 말았어야 했다는 사실을 알게 되고 그러고 나면 우울하고 비참해지죠. (웃는다) 사람들은 그걸 읽고 말하죠. '응, 아주 좋아, 이 친구 재능 있어. 근데 톨스토이한테는 안 되지' 아니면 이렇게 말하죠. '매력 있는 작품이네. 그런데 뚜르게네프의 '아버지와 아들'이 더 낫지' 이건 바뀌지 않아요. 나는 계속 괜찮고 재능 있는 작가일 거예요. 그런데 내가 죽은 다음 땅속에 묻히게 될 때, 친구들은 내 무덤가에 둘러서서 이렇게 말할 거예요. '여기 뜨리고린이 잠들다. 그는 좋은 작가였다. 하지만 뚜르게네프보다는 못했다.'

니나 근데요, 전 하나도 이해가 안 가요. 제가 볼 땐 너무 성공하셔서 혼란스러우신 거 같아요.

뜨리고린 무슨 성공이요? 나는 내가 쓴 것에 대해서 만족해본 적이 없는데요.

나는 내가 작가인 게 너무 싫어요. 정말 최악일 때는 내가 어떤 혼란스러운 상태에서 뭘 쓰고 있는지도 모를 때예요. 봐요, 난 여기가 정말 좋아요. — 여기 호수, 나무들, 하늘, 자연을 느끼죠. — 이건 나에게 영감을 주고, 정말로 쓰고 싶다는 순수한 욕구를 불러 일으켜요. 그런데 나는 풍경 화가는 아니거든요. 나는 시민의 한 사람으로서, 이 나라와 민중을 사랑하고 그들과 그들의 고통, 그들의 미래를 위해서 써야 한다고 생각해요. 또 인류의 진보와 인간의 권리와, 등등 여러 가지에 대해서도 말이죠. 그런데 그렇게 쓰고 나면 사람들은 나에게 화를 내고, 나를 비난하고 나를 공격하죠. 나는 마치 사냥개에게 둘러싸인 여우 같아요. 결국 내가 쓸 수 있는 건 풍경 묘사밖에 남아 있지 않다는 걸 깨닫게 돼요. 그리고 그 모든 것들은 나를 지나쳐 앞서 달려 나가고 나는 뒤에 남게 되죠. 그밖에 다른 것들은 나를 포함해서 다 가짜예요. 완전히 가짜!

니나 너무 일을 많이 하셔서 그래요. 그래서 선생님이 얼마나 특별한 분이신지 느끼시지 못하는 거예요. 독자들이 별로 안 좋아한다고 하셨지만, 그 사람들 모두 선생님을 사랑해요! 저를 포함해서요. 선생님처럼 유명한 작가가 될 수 있다면, 나는 내 독자들을 위해서 내 모든 인생을 다 바칠 수 있어요. 사람들이 가장 큰 기쁨을 느끼는 대상이 나라는 사실을 알게 되면 정말 끝내줄 것 같아요. 사람들은 나를 개선 마차에 태우고 거리로 나가겠죠!

뜨리고린 개선 마차요? 아가멤논인가?

(두 사람 미소 짓는다)

니나 내가 그렇게 될 수 있다면 미움도, 가난도, 실망도 다 견딜 수 있어요. 기

꺼이 다락방에 살면서 배고프게 살 수 있어요. 아마 스스로를 원망스러

워 할지도 모르지만, 뭐든지 견딜 수 있어요. … 내가 유명해질 수 있다

면요! 진짜, 엄청나게요! (두 손으로 얼굴을 가린다) 휴우! 어지러워….

2. 단위 나누기의 실제

연출가의 질문: '단위 나누기'를 어떻게 해야 하는가?

대답 혹은 해결: 이미 앞에서도 말했던 그대로 정답은 없다. 여러 가지 방향 중에서 배우가 선택을 해야 한다. 단위 나누기를 보다 실질적으로 연기하기에 적용하기 위해서 더 구체적이고 명료하게 하는 방법은 고전적인 '극작 기술'인 '시작-중간-끝'이나, 일반적인 극작 기술인 '기-승-전-결' 방법을 결합하는 것이다. 작품에 따라서, 상황에 따라서, 그때그때 필요에 따라서 유연성을 갖고 연기에 도움이 되는 방향으로 선택하면 된다. 나는 고전적인 방법인 '시작-중간-끝' 혹은 '기-승-전-결'로 단위를 나누는 것을 다양하게 변주해서 적용하는 것을 좋아한다. 여기서는 1차적으로 '기-승-전-결'의 과정을 따라서 해볼 것이다.

단위 나누기 1단계: 기 - 승 - 전 - 결

기

뜨리고린 (노트에 적으며) … 코담배를 피우고, 술을 마시고… 항상 검은색 옷을 입고 다닌다. 어떤 학교 교사가 그녀를 사랑한다.

니나 안녕하세요!

뜨리고린 오, 안녕하세요! 예상치 못한 일이 생겨서요. 오늘 떠날 것 같습니다. 서로 얘기할 기회가 없었네요. 아쉽게도요. 그쪽처럼 어린 나이의 여성분들과 만날 기회는 많지 않아서, 어떤지 다 잊어버렸어요. 18살, 19살 정도의 사람들이 어떤 생각을 하면서 살고 있는지 잘 기억나지 않는 거죠. 그래서 내 작품에 나오는 인물들 중에 나이가 어린 여자들은 뭔가 딱 들어맞지가 않죠. 잠시라도 좋으니까 그쪽하고 바꿔서 살아보고 싶네요, 그래서 무슨 생각을 하는지 그리고 어떤 종류의 사람인지 알고 싶어요.

니나 저는 선생님의 삶을 살아보고 싶어요.

뜨리고린 왜죠?

니나 유명한 작가가 된다는 건 어떤 느낌인지 알고 싶어요. 유명하다는 건 어떤 느낌이세요? 처음에 유명해지셨다는 걸 어떻게 아셨어요?

뜨리고린 유명하다는 거요? 잘 모르겠는데. 생각해본 적도 없고요. (잠시 생각한다) 그쪽이 나에 대해 너무 과장해서 생각하거나, 아니면 내가 유명하다는 것에 아무 느낌이 없거나 둘 중 하나겠지요. 난 아무것도 안 느껴지거든요.

니나 신문에 이름이 실리면 그건 어떠신데요?

뜨리고린 좋은 기사가 나면, 기분이 좋고요, 안 좋은 기사가 나면 이틀 정도 기분이 나쁘죠.

니나 정말 멋질 것 같아요! 너무 너무 부러워요! 사람마다 각자 운명이 다 다르잖아요? 어떤 사람들은 그냥 겨우 겨우, 눈에 띄지도 않고 지루하게 살아가죠. - 다 똑 같구요, 다 불행해보여요. 아주 가끔 다른 사람들도 있어요. 선생님 처럼요. 백만 명 중 한 명이겠지만요! 눈부시게 빛나고, 재미있고, 정말 의미 있는 삶을 살아가시죠. 행복하시잖아요.

뜨리고린 행복하다고요? 나보고요. (어깨를 으쓱한다) 흠, 지금 행복이니, 눈부시게 빛나고 재미있는 삶이니 그런 얘기를 하는데 좀 거창한 것 같네요. 그런 건 나한테 별 의미가 없어요. 안타깝지만요. 그런 것들은 아직 먹어보지 못한 작은 젤리과자 같은 거예요. 젊음이 느껴지네요… 정말 좋은 사람 같아요.(사이) //

여기까지가 '기'다. 이 장면의 시작 지점이라고 나눈다면 여기까지는 행동도, 호흡도, 감정도 보통으로 연기해야 할 것이다. 그리고 다음 '승'으로 넘어가기 시작한다고 생각하면 이제 '승'의 단계로 나아가야 한다. 조금씩 행동도, 호흡도, 감정도, 템포도, 리듬도 배우의 조절에 의해서 치고 올라가야 할 것이다.

승

니나 선생님은 너무너무 멋지게 살고 계세요!

뜨리고린 도대체 뭐가 멋진가요? (시계를 본다) 일하러 갈 시간이네요. 글 쓰러요. 미안해요, 정말 시간이 없어서 (웃는다) 그쪽이 저의 가장 민감한 곳을 건드려서, 좀 혼란스럽고 화가 나네요. 좋아요, 한번 얘기해 볼까요? (잠깐 생각) 사람들이 어떤 일이나 생각에 사로잡힐 때가 있어요. 예를 들어 누군가가 밤낮으로 달에 대해서만 생각하고, 달만 쳐다본다고 생각해볼래요? 내가 그래요. 하루 종일 글 쓰는 일에 대해서만 생각해요. 나는 써야 합니다. 써야 해요. 하나를 마치면, 다른 것을 쓰기 시작해야 하고, 그 다음에 세 번째 작품으로, 끝나면 네 번째로. 멈추지 않고 써요, 마치 급행열차 처럼요. 그것 말고는 방법이 없어요. 자, 다시 물어볼게요. 도대체 이게 뭐가 멋지고 화려하다는 거죠? 이건 정말 바보 같은 생활이예요! 여기서 이렇게 얘기하고 있고, 또 약간 흥분도 했지만 그러면서도 가서 마저 써야 되는 소설이 있다는 생각을 단 1초도 멈추지 않고 있거든요. 구름을 볼 때도, 저기 피아노처럼 생긴 구름이면 이런 생각을 하는 거예요. '이걸 써먹어야겠다, 인물 중 한명이 피아노처럼 생긴 구름을 바라보게 해야지'라고요. 오렌지 자스민 꽃향기를 맡으면, 머릿속에 적어두죠. '심하게 달콤한 향기, 미망인의 색깔, 여름 저녁을 묘사할 때 써먹어야지' 지금 우리가 나누는 대화에서 사용하는 단어들도 모두 머릿속에 입력하죠. 언젠가 써먹으려고요! 작품을 마치면 공연을 보러 가거나, 낚시 하러 가서 휴식을 취하고 다 털어버리려고 하죠. 근데 그럴 수 있을 것 같아요? 거대한 쇠공이 머릿속을 굴러다니기 시작하죠. 새로운 이야기를 위한 아이디어가요. 나는 낚시 바늘에 끌려올라가듯이 책상 앞에 앉게 돼요. 쓰고 쓰고 또 써야 돼요. 한시도 쉬지 않구요! 절대로 쉬지 못해요. 내 일이 내 인생을 먹어 치우고 있어요. (사이) 제정신처럼 안 보이죠? 내 친구들과 가족들은 나를 어떻게 생각할 것 같나요? 나한테 이렇게 물어보죠. '요새 뭐 쓰는데?' 항상 똑같아요. 사람들의 관심과 찬사와 인기가 다 거짓인 것처럼 느껴져요. ― 사람들이 나 스스로가 미쳤다고 생각하게끔 나를 속인 다음, 어느 날 뒤에서 살금살금 다가와 나를 붙잡아서 정신병원에 끌고 갈지도 몰라요. 젊었을 때는, 아등거리기만 했고 글 쓰는 건 정말 끔찍했어요. 시작하는 작가의 경우, 만약 운이 없다면, 있지 말아야할 곳에 있는 것처럼 ― 불편하고 불안하고 자신이 쓸모없는 인간처럼 느끼게 되죠. 성공한 작가나 예술계 인사들에게 목을 매고 그 주위를 서성거리지만, 아무도 알아주는 사람은 없어요. 그러고 나면 무서워서 누구와도 눈을 못 마주치죠. 마치 돈 한 푼 없는 도박 중독자 처럼요! 나는 한 번도 내 독자들을 만나본 적은 없지만 나에게 적대적이고, 나를 별로 대수롭지 않게 여길 거라고 생각해요. 나는 대중들이 무섭고 겁나요. 신작이 공연되면 항상 이렇게 생각하죠. 키가 큰 관객들은 내 공연을 싫어할 거고, 키가 작은 관객들은 지루해할 거라고요. 정말 끔찍해요! //

여기까지 치고 올라왔다면 유지 상태로, 즉 전개로 넘어가야 할 것이다. 전개에 이르면 행동도, 감정도, 호흡도 모두 숨고르기 상태가 될 수 있어야 한다.

전

니나 그래도 창작하시면서 예술적 영감을 받게 되면, 만족스럽거나 신나지 않으세요?

뜨리고린 (아뇨) 아, 글 쓰는 자체는 나쁘지는 않아요. 그리고 다 쓰고 교정보는 것도 즐거운 일이구요. 근데 책이 출판되고 나면, 그걸 읽는 일은 최악이에요. 얼마나 잘못 썼는지 눈에 보이기 시작하고, 이딴 건 쓰지 말았어야 했다는 사실을 알게 되고 그러고 나면 우울하고 비참해지죠. (웃는다) 사람들은 그걸 읽고 말하죠. '응, 아주 좋아, 이 친구 재능 있어. 근데 톨스토이한테는 안 되지' 아니면 이렇게 말하죠. '매력 있는 작품이네. 그런데 뚜르게네프의 '아버지와 아들'이 더 낫지' 이건 바뀌지 않아요. 나는 계속 괜찮고 재능 있는 작가일 거예요. 그런데 내가 죽은 다음

땅속에 묻히게 될 때, 친구들은 내 무덤가에 둘러서서 이렇게 말할 거예요. '여기 뜨리고린이 잠들다. 그는 좋은 작가였다. 하지만 뚜르게네프 보다는 못했다.'

니나 근데요, 전 하나도 이해가 안 가요. 제가 볼 땐 너무 성공하셔서 혼란스러우신 거 같아요.

뜨리고린 무슨 성공이요? 나는 내가 쓴 것에 대해서 만족해본 적이 없는데요. 나는 내가 작가인 게 너무 싫어요. 정말 최악일 때는 내가 어떤 혼란스러운 상태에서 뭘 쓰고 있는지도 모를 때예요. 봐요, 난 여기가 정말 좋아요. ― 여기 호수, 나무들, 하늘, 자연을 느끼죠. ― 이건 나에게 영감을 주고, 정말로 쓰고 싶다는 순수한 욕구를 불러 일으켜요. 그런데 나는 풍경 화가는 아니거든요. 나는 시민의 한 사람으로서, 이 나라와 민중을 사랑하고 그들과 그들의 고통, 그들의 미래를 위해서 써야 한다고 생각해요. 또 인류의 진보와 인간의 권리와, 등등 여러 가지에 대해서도 말이죠. 그런데 그렇게 쓰고 나면 사람들은 나에게 화를 내고, 나를 비난하고, 나를 공격하죠. 나는 마치 사냥개에게 둘러싸인 여우 같아요. 결국 내가 쓸 수 있는 건 풍경묘사밖에 남아 있지 않다는 걸 깨닫게 돼요. 그리고 그 모든 것들은 나를 지나쳐 앞서 달려 나가고 나는 뒤에 남게 되죠. 그밖에 다른 것들은 나를 포함해서 다 가짜예요, 완전히 가짜!//

보통 '전'과 '결' 사이에 클라이막스가 있다. 여기서도 마찬가지다. 뜨리고린의 행동과 호흡과 감정이 클라이막스가 되어야 한다.

결

니나 너무 일을 많이 하셔서 그래요. 그래서 선생님이 얼마나 특별한 분이신지 느끼시지 못하는 거예요. 독자들이 별로 안 좋아한다고 하셨지만, 그 사람들 모두 선생님을 사랑해요! 저를 포함해서요. 선생님처럼 유명한 작가가 될 수 있다면, 나는 내 독자들을 위해서 내 모든 인생을 다 바칠 수 있어요. 사람들이 가장 큰 기쁨을 느끼는 대상이 나라는 사실을 알게 되면 정말 끝내줄 것 같아요. 사람들은 나를 개선 마차에 태우고 거리로 나가겠죠!

뜨리고린 개선 마차요? 아가멤논인가?

(두 사람 미소 짓는다)

니나 내가 그렇게 될 수 있다면 미움도, 가난두, 실망도 다 견딜 수 있어요. 기꺼이 다락방에 살면서 배고프게 살 수 있어요. 아마 스스로를 원망스러워 할지도 모르지만, 뭐든지 견딜 수 있어요. … 내가 유명해질 수 있다면요! 진짜, 엄청나게요! (두 손으로 얼굴을 가린다) 휴우! 어지러워….

뜨리고린의 상대역인 니나의 연기 역시 뜨리고린에게 반응하면서 '기-승-전-결'의 과정을 거치게 될 것이다.

단위 나누기 2단계: <시작> <중간> <끝>

위에서 크게 나눈 '단위'는 다시 쪼개질 수 있다. '주고-받기'를 위해서도 그렇고, 또 연기를 디테일하게 찾아가기 위해서도 그렇고, 상황을 명확하게 드러내기 위해서도 그렇고, '기-승-전-결'에서 각각의 단위마다 다시 또 나누는 것이 좋다. 고전적인 기술인 '시작-중간-끝'으로 한 번 나누어보자.

기

<시작>

뜨리고린 (노트에 적으며) … 코담배를 피우고, 술을 마시고… 항상 검은색 옷을 입고 다닌다. 어떤 학교 교사가 그녀를 사랑한다.

니나 안녕하세요!

뜨리고린 오, 안녕하세요! 예상치 못한 일이 생겨서요. 오늘 떠날 것 같습니다. 서로 얘기할 기회가 없었네요. 아쉽게도요. //

<중간>

그쪽처럼 어린 나이의 여성분들과 만날 기회는 많지 않아서, 어떤지 다 잊어버렸어요. 18살, 19살 정도의 사람들이 어떤 생각을 하면서 살고 있는지 잘 기억나지 않는 거죠. 그래서 내 작품에 나오는 인물들 중에 나이가 어린 여자들은 뭔가 딱 들어맞지가 않죠. 잠시라도 좋으니까 그쪽하고 바꿔서 살아보고 싶네요, 그래서 무슨 생각을 하는지 그리고 어떤 종류의 사람인지 알고 싶어요.

니나 저는 선생님의 삶을 살아보고 싶어요.

뜨리고린 왜죠?

니나 유명한 작가가 된다는 건 어떤 느낌인지 알고 싶어요. 유명하다는 건 어떤 느낌이세요? 처음에 유명해지셨다는 걸 어떻게 아셨어요?

뜨리고린 유명하다는 거요? 잘 모르겠는데. 생각해본 적도 없고요. (잠시 생각한

다) 그쪽이 나에 대해 너무 과장해서 생각하거나, 아니면 내가 유명하다는 것에 아무 느낌이 없거나, 둘 중 하나겠지요. 난 아무것도 안 느껴지거든요.

니나 신문에 이름이 실리면 그건 어떠신데요?

뜨리고린 좋은 기사가 나면, 기분이 좋고요, 안 좋은 기사가 나면 이틀 정도 기분이 나쁘죠. //

<끝>

니나 정말 멋질 것 같아요! 너무 너무 부러워요! 사람마다 각자 운명이 다 다르잖아요? 어떤 사람들은 그냥 겨우겨우, 눈에 띄지도 않고 지루하게 살아가죠. — 다 똑 같고요, 다 불행해보여요. 아주 가끔 다른 사람들도 있어요. 선생님 처럼요. 백만 명 중 한명이겠지만요! 눈부시게 빛나고, 재미있고, 정말 의미 있는 삶을 살아가시죠. 행복하시잖아요.

뜨리고린 행복하다고요? 나보고요. (어깨를 으쓱한다) 흠, 지금 행복이니, 눈부시게 빛나고 재미있는 삶이니 그런 얘기를 하는데 좀 거창한 것 같네요. 그런 건 나한테 별 의미가 없어요. 안타깝지만요. 그런 것들은 아직 먹어보지 못한 작은 젤리과자 같은 거예요. 젊음이 느껴지네요… 정말 좋은 사람 같아요.(사이) //

작가 체홉이 말한 「갈매기」의 특징 몇 가지 중, 한 가지가 '문학에 대한 이야기'였음을 기억할 것이다. 「갈매기」에는 특히 꼬스챠와 뜨리고린의 작가로서의 '정체성'이 그들 배역의 긴 대사로 나타난다. 배역 자신이 말하는

'문학에 대한 이야기'를 제대로 말해주지 않으면 안 된다. 그 이야기는 다시 말해서, 지금 이 장면에서 뜨리고린 배역의 배우는 뜨리고린이 하는 말 전체를 경험해야 한다는 얘기다. 말을 경험한다는 것은, 그 말이 결국 배우 자신의 말이 되어야 한다는 얘기다. 말을 제대로 이해하기 위해서 단위 나누기는 필수다. 나눌 수 있는 지점까지 나누어서 살려내야 한다.

문장//쪼개기 & 단위 나누기의 통합

스타니슬랍스키 시스템의 예에서 드러나듯이 연기술에 있어서도 진화 과정에서 통합은 필연이다. 내가 시스템으로부터 배운 단위 나누기 작업과 문장//쪼개기 과정을 함께 조합하게 된 것도 필연이다. 배우는 이야기꾼으로서 연기는 관객이 희곡으로 되어 있던 이야기를 실제로 보고 들을 수 있도록 실감나게 연기(Play)로 표현하는 예술이기 때문이다.

연출가의 질문: 단위 나누기와 문장//쪼개기 통합으로 배우가 얻게 되는 것은 무엇인가?

대답 혹은 해결: 단위 나누기를 문장//쪼개기와 함께 해줄 때, '보이면서 들리도록' 할 수가 있다. 그 유용함이 몇 배로 증폭되기 때문에, 그 순서에 상관없이 병행해서 정확하게 문장//쪼개기를 통합 적용해야 되는 것이다.

인물을 존재시켜야 하는 것이 배우의 사명 아닌가? 배우가 단위 나누기와 문장//쪼개기 기술을 장착하면 대사 속에 배우 자신이 인물로서 존재할 수 있게 되는 것이다.

안톤 체홉의 「갈매기」라는 이야기를 행동으로 보이게, 관객이 움직임으로 보도록 할 수가 있다는 것이다. 관객이 배역의 행동의 변화, 감정의 변화를 볼 수가 있게 된다는 것이다. 배우가 진정한 이야기꾼으로 존재하게 된다는 것이다. 그러므로 긴 대사일수록 더욱 더 철저하게 단위 나누기를 해야 한다.

특히 문장 쪼개기를 통한 주체//객체 구분은 정말 중요하다. 작품 이해 과정에서 처음부터 강조했던 바다. 주체//객체 구분만 해주어도 '존재'는 하게 된다고 처음부터 강조하고 또 강조했건만, 거의 대부분의 배우들이, 특히 긴대사가 있는 주인공들의 경우는 주체//객체 구분 없이 대사를 외우고 있었다. 특히 긴 대사를 해야 하는 배역들이. 배우가 긴 대사를 한 번에 해버릴 때, 그 많은 순간들에 '내가' 하고 있는 일과 글 쓰는 것에 대해 말할 때, '내가'가 없었다. 긴 대사에 대한 강박과 조급함에 졌기 때문이다. 먼저 외어버렸기 때문이다. 대사를 외우면 결국 lettering을 하게 된다. 배우들은 긴 대사를 만났을 때, 강한 압박이 있는 듯하다. 강박적으로 외우려고 한다. 배우들 중 강박을 떨쳐내고 꾼답게 단위 나누기를 하는 배우는 아무도 없었다. 스타니슬랍스키의 최고의 발견이고 오순택 선생님이 그토록 강조하셨던 작업인데 안타까운 일이다.

나는 여기서 내가 새롭게 만날 미래의 배우들을 위하여 필연적으로 다시 Play를 위한 기본 장치인 '객관적 읽기'에 대한 얘기를 또 목에 핏대 세우며 할 수밖에 없다. 철학적인 관점을 좀 빌려오겠다. 철학이란 말을 하면 벌써 몸이 긴장되리라 생각되어 좀 이완을 시켜주자면, 그다지 어렵지는 않은 얘기다.

고대 신화시대에 살던 사람들이 자기 삶의 수수께끼를 풀기 위해 신에게 물었던 기술 '신탁'으로부터 시작된 '묻고 기다림'의 방법이다. 묻고 기다림의 이 기술이 "언어는 존재의 집이다"라고 외친 현대 철학자 하이데거에 의해서 다시 살아난 것이 바로 '존재사건(Ereignis)'이라는 개념이다. 무슨 뜻이냐? 철학자 김용규가 『철학까페에서 시 읽기』에 쉽고 간략하게 설명해 놓았다.

> "우리말로 생기(生氣) 또는 발현(發顯)이라고 번역되는 하이데거의 존재사건이란, 스스로 자신을 드러내려는 존재의 진리와 그것을 열어 밝히려는 현존재(인간)가 만나는 사건입니다. 존재의 진리의 '말 걸어옴(Zuspurch)'과 이에 응답하는 현존재의 '대답함(Antwort)'의 만남이지요."
>
> 김용규, 『철학까페에서 시 읽기』

쉽고 간략하게라고 말했지만, 그래도 좀 어려울 수도 있겠다. 그냥 내 식으로 풀어보면, 이렇게 생각하면 된다. 언어가 스스로를 드러내므로 언어가 스스로를 드러내는 것을 기다려라. '묻고 기다리는 것' 그것이 전부다. 하이데거의 생각인 '존재가 주고 인간이 받는다!'를 '언어가 주고 배우가 받는다'로 바꾸면 이해가 쉬울지? 그러니까 결론은 외우지 말고 계속 들으면서 들릴 때까지 기다려라. '묻고 기다리는 것' 기술로 장착해라. 그것이 나의 해결이다. 하루아침에 이루어지는 것은 아무것도 없다. 연기 역시 배우고 익혀야 할 기술이다. 시습!

남은 이야기: 그런 의미에서 「갈매기」 연습을 하면서 「장은주의 12뇌신경과 특수감각을 이용한 구체적 액팅코칭」 단체 워크숍에 참여할 수 있었

던 것은 배우들에게도 그랬겠지만, 아르까지나 배역의 배우가 우리 작업에 최적화된 워크숍이었다고 표현했으니까, 연출가 입장으로 대단한 행운이었다. 훈민정음 창제원리를 토대로 하는 우리말 한글 화술을 탐구하는 과정에서, 그리고 스타니슬랍스키 시스템을 탐구하는 과정에서 감각과 기억의 문제들을 해결하기 위해 심리학에서 진화심리학과 뇌신경과학에 이르기까지 현대 과학의 관점들을 확인하지 않을 수가 없었다. 그래서 장은주라는 특별한 뇌신경과학자를 만나게 된 것이니 행운이 아닐 수가 없다. 그와의 작업은 나에게는 선물이었다. 특히 '듣기' 감각에 대한 최신의 뇌신경과학적인 정보는 연기(play) 화술의 '듣기' 문제에 있어서 해결하지 못했던 의문점을 풀 수 있는 결정적인 실마리를 주었다. 그의 말을 확인해 보자.

'잘 들어라'가 아니라 '잘 감각하라', 원래 귀는 듣고 싶은 것만 듣는다. 듣고 반응하는 것은 없다. 뇌가 해석하는 것이다.

장은주. 「장은주의 12뇌신경과 특수감각을 이용한 구체적 액팅코칭」

내가 내 생각을 수정해야 하는 부분이다. '감각하고, 즉 받아들이고 해석하고 반응하는 것이다.' 배우의 말하기는 상대 배우에게는 물론 관객에게 '들리도록' 연기(Play)하는 것이라야 한다. 말을 하려면 먼저 들어야 하는 것처럼 희곡의 대사를 문자로 읽는 것이 아니라 처음부터 말로 듣는 구체적인 기술이 필요하다. 그래서 감각하기와 해석하기는 함께 이루어져야 한다.

날마다 새롭게 진화하는 것을 갈망하는 사람에게 배운다는 것은 참으로 행복한 일이다. 배울 수 있는 사람을 실제로 만난다는 것은 더 행복한 일이다. 당연하다. 인간과 인간의 삶을 재현시키는 Play를 가르치고, 공연을 올리는 연출가로서 이렇게 이야기를 더 잘 들려주는 '신체화' 기술을 알고 있는 사람, 배울 수 있는 사람을 만났다는 것은 정말 행운이다. 나는 비록 짧은 시간이었지만 그 때 그에게 배우고 익히는 그 행운을 만끽할 수 있었다.

연습(리허설)

연극(Play)의 목표는
오로지 관객이다.
배우와 관객 사이
행동(Action)이 있을 뿐이다.

_____ 길잡이 글

연습이 시작되면 배우들은 관객을 만나기 위하여 움직이기 시작해야 한다. '어떻게 움직임을 시작할 것인가?' 그에 대한 대답은 1부에서 '준비된 상태를 위해서' 해야 하는 '보이지 않는 작업'으로, 충분하지는 않아도 움직임을 시작할 정도로는 준비했다. 움직임을 시작하기 전에, 우리는 한 가지 원칙을 세워야 한다. 준비한 것들을 드러내는 데 '집중'해야 한다는 원칙. 그 원칙을 지켜내면서 연습을 위한 길잡이 글로서 먼저 나침반이 되어줄 핵심을 요약해 보겠다.

하나, 배역으로서 배우는 오직 지금, 여기 무대에서만 존재한다. '관객의 입장이 되어 관객이 무엇을 원하는지' 관객과 상의하는 것, 그것이 중요하다.

둘, 성격부여는 오직 행동으로만 가능하다. '행동 찾기'와 '신체화' 문제가 중요한 이유다. 그 전에 '자기 자신'으로 걷는 것이 먼저다. 인물로서의 걸음걸이 찾기는 신체화 과정으로 들어서는 단계다.

셋, 독특함은 상투적인 것을 제거했을 때 만들어진다. 물론, 이미 깊게 몸에 각인된 옛 습관들을 걷어내는 일이 쉬운 것은 아니다. 등장인물은 자연인인 배우 자신이 아니다. 제발, 타자성에 대해서, 이견지견에 대해서, 역설의 법칙에 대해서, 객관적 읽기에 대해서 한 번만 더 생각해 보라.

연습 시작! '걷기'부터 시작해서 '몸 숨쉬기'는 물론 '심리 동작', '그림을 통한 즉흥', '음악 리듬으로 하는 즉흥' 등등 '배우 훈련' 과정을 속성으로 거친다. 하지만 '신체화' 문제는 쉽지 않은, 고급의 연기 기술들을 필요로 한다. 신체화 문제가 그렇게 쉽게 해결된다면 성공 못할 배우가 없을 것이다.

만약에 속성으로도 해결되지 않으면, 이제 연출가와 배우는 '야바위꾼'이 되어야 한다. 준비되지 않은 것들은 관객들에게 최대한 드러내지 말아야 한다. 드니 디드로가 말했다. 배우는 '위대한 야바위꾼'이라고. 야바위꾼이 무엇을 하는 존재인지는 말하지 않아도 알 것이다. 맞다, 배우는 위대한 야바위꾼이다. 준비되지 않은 것들에 대한 미련도 버려야 한다. 배우 자신의 장점만 드러내고 단점은 드러나지 않도록 숨기는 철저한 야바위꾼이 되어야 한다.

예를 들어 소린 배역의 배우는 좀 젊었다. 60~62세라는 늙은 나이를 드러낼 수 있는 신체화에 실패했다. 신체화에 투자한 시간이 거의 없었기 때문이다. 그렇다면 차라리 최대한 움직임을 줄여야 한다. 말로 연기하는 것에 집중해야 한다. 그런데 배우는 오히려 반대로 더 많이 움직였다. 자신이 관객에게 어떻게 보이는지 모르기 때문이다. 관객은 '연기 못하는 배우'로 낙인찍는다. 잔인한가? 관객은 동물이다. 관객이 외면하는 배우는 어디로도, 영화로도, 드라마로도 팔려나가지 못한다. 솔직하게 말해서 팔려나가는 것을 목적으로 하는 배우들이 더 많지 않은가? 아마 지금 이 글을 읽고 있는 배우의 대다수가 그렇다는 것에 내 이름을 건다.

애초에 외형적으로 늙어 보이는 얼굴만 믿고 배역을 준 연출가의 잘못도 대단히 크다. 그렇다면 기다릴 수밖에 없다. 스스로 알 때까지, 그리고 선택을 하게 될 때까지. 연출가의 생각, 즉 관객이 무엇을 원할지를 깨닫고 야바위꾼으로 Play를 할지, 아니면 관객에게 '나는 연기 못하는 배우다'라는 것이 드러나도록 혼자 무대에서 북치고, 장구치고 그렇게 다른 배우들은 다 죽여버리든지.

연습이 어려움에 봉착할수록 거센 반발, 항의. 연출가는 어김없이 배우들에게 뿌리박힌 쓸데없는 자의식의 벽에 부딪힌다. 연출가로서 배우들에게 개인적으로 던지고 싶은 질문이 있다. 기본을 지키는 것, 원칙을 잃지 않는 것이 그렇게 어려운 일인가? 지금, 현재의 자신 그대로를 인정하는 것이 자기 자신을 관객에게 후진 배우로 보이도록 만드는 것보다 싫은 것인지, 묻고 싶다. 배우의 자부심은 오직 연습에 달려있다는 것을 모르지 않을 텐데, 연출가의 말을 관객의 소리로 그냥 듣고 '자기 자신'으로 판단하고 적용하고 연습해 보고 그러면 될 텐데, 그것이 어려운데 배우의 길을 끝까지 갈수 있을까?

4장

행동

연기(Play) 기술 장착, 넷 — **몸 심리행동법**

心身不二(심신불이), 몸과 마음이 다르지 않다는 것을 토대로 우리의 삶에서 그렇듯이, 연기 역시 그렇게 자연의 법칙을 위배하지 않아야 한다. 배우는 배역의 신체와 배역의 마음이 행동으로 일치하도록 해야 한다. 몸심리행동법은, 그런 맥락으로 연출가로서 처음 배우들과 작업하던 초보 때 스타니슬랍스키의 신체행동법과 미하일 체홉의 '심리 제스처'를 결합해서 '행동 찾기'의 방법으로 찾아낸 연기 기술이다.

오랫동안 시스템에 근거한 연기를 배웠기 때문에 스타니슬랍스키의 심리 기술이 나에게 끼친 영향도 만만치 않다. 기본적으로 내 연기술의 기초적인 토대는 스타니슬랍스키의 심리 기술과 미하일 체홉의 메소드다. 내 연기술의 시작이 스타니슬랍스키 심리 기술이며, 그 과정에서 미하일 체홉의 메소드를 결합했고, 최종적으로는 근원적인 연기술인 미메시스(모방)를 흡수해서 나온 것이기 때문이다.

기반은 물론 몸이 기억하고 있는 마음과 정서가 있다는 것이다. 인간의 행동은 태어나서부터 시작된 모방으로 몸에 저장된 기억들이다. 몸과 뇌는 뿌리가 같다. 그래서 몸은 뇌의 기억력과 같은 기억력을 갖고 있다. 그렇기 때문에 신체화, 즉 신체로 접근하는 연기 방법들이 가능한 것이다. 특히 미하일 체홉의 '심리 동작'은 몸이 기억하는 '마음'과 '정서' 때문에 가능한 것이다. 최근에 뇌과학은 물론 뇌신경과학에서 속속들이 발견되고 있다. 스타니슬랍스키는 자신의 연기 방법을 심리 기술이라고 했다. 스타니슬랍스키 시스템의 '정서 기억'은 그러니까 몸이 기억하는 정서다.

연출가의 질문: 몸 심리행동법이 왜 여전히 중요한가?

대답 혹은 해결: 여전히 유용하기 때문이다. 그도 그럴 것이 나는 나를 실험 대상으로 해서 내가 배운 연기술들을 유용하다고 확인될 때까지 '해체'와 '통합'을 통해 걸러내고 또 걸러내면서 진화시켰고, 물론 그 과정에서 21세기 배우들에게 필요한 모든 수단과 방법을 충돌시키면서 배우와의 실천을 통한 적용으로 집요하게 검증했으며, 현재진행형으로 배우들에 의해서 확인되고 있기 때문이다.

몸 심리행동법은 몸과 마음의 긴밀한 연결에 근거한 행동의 심리 기술이다. 개인적으로 신체화 기술을 진화시키는데 결정적인 기술이었다. 실제로 스타니슬랍스키의 심리 기술 과 미하일 체홉의 심리 제스처를 결합한 첫 결과로서 처음 썼던 책 제목이 『열린 메소드의 길 ― 몸 심리행동법』이었다. 이 책은 미완성이었고 오류도 많았지만, 그 과정 전체를 토대로 해서 박사 논문을 썼으니, 내 박사 논문의 기본 토대가 된 탐구였다고 할 수 있다. 박사 논문을 쓰고 들어와 폐기처분했다. 그러나 '본질'은 폐기처분하지 않고 계속해서 내 연기술의 기본으로 진화시켜 왔다. 몸 심리행동법이 현재의 상태(Play를 위한 장치)로 진화되는 과정에서 최종적으로 흡수한 연기 방법은 물론 오순택 선생님의 신체화 기술, 좀 더 구체적으로는 신체시정적 접근 방법이다.

1. 행동(Action) 찾기의 조건

행동(Action)이 연기의 시작이고 끝이다. 영화를 찍을 때 감독의 첫 마디가 "Action!"이다. Play is Action. 배역의 행동으로 연기해야 되기 때문이다. 연기가 어려운 이유다. 흔히 말하는 재능, '감정'이 풍부하다는 그 재능만으로 해결되지 않는 이유다. 풍부한 감수성으로 해결 된다면, 우리가 이런 고민을 하지 않아도 된다. 대본이 있고 그 말을 할 수 있으니, 배우는 그저 감수성이란 재능만 갖고 자연스러워질 때까지 그저 반복하고 또 반복하면 될 것이다. 배우와 배우 사이에 그렇게 큰 차이들이 생기지도 않을 것이다. 연출가도 이렇게 긴 시간 수고로운 작업을 하지 않아도 될 것이다.

행동은 배역의 행동이어야 한다. 그래서 Play가 어려운 것이다. 「갈매기」작업에서 행동 찾기를 위해 배우들과 연습에 적용한 가장 기본적인 과정을 정리해보겠다.

1. 행동 찾기의 1단계는 인물의 정체성과 함께 인물에게 주어진 상황을 정확하게 아는 것이다. '내가 누구인가?'라는 정체성은 내 삶으로 주어진 상황과 뗄 수 없는 불가분리의 관계로 묶인다.

진실이랍시고 가당찮은 내면연기에 배우로서의 사활을 거는 것은 정말 바보나 하는 위험천만의 도박이다. 오히려 역할의 진실을 찾는 것이 도움이 된다. '배우의 보이지 않는 작업', 그것이 전부라고 해도 과언이 아니다. 다시 말해서 배우가 배역을 위해 어떻게 보이지 않는 작업을 했는가에 달렸다.

연출가의 질문: '주어진 상황'을 제대로 깊이 이해해야 하는 이유는?

대답 혹은 해결: 질문에 대답하기 위해서 우선 주인공 중 마샤의 줄거리로부터 마샤 배역에게 주어진 상황을 정리해 보자. 줄거리의 끝부분을 보라.

"…절망에 휩싸여 마지막 선택으로 메드베젠꼬와 결혼해서 아이도 낳지만, 마음은 제멋대로 꼬스챠를 향한다. 사랑도 결혼도 실패한 삶을 사는 그녀는 여전히 불행하다. 그녀 스스로의 삶을 선택하지 못하고 그저 메드베젠꼬가 전근을 가게 된 상황에 기대서 다시 또 꼬스챠를 잊을 수 있을 것이라는 막연한 희망을 갖는다."

줄거리로부터 찾아낼 수 있는 4막 마샤에게 주어진 상황은 '회피성 결혼'이다. 이 주어진 상황은 4막에서 마샤 배역의 배우가 어떻게 연기할 것인가에 대한 해결의 열쇠가 된다. 연출가는 타자성에 따라서 '그런 상황'에 놓이는 '그런 사람'은 어떻게 행동할까를 상상해내도록 배우에게 자극제가 되는 질문들을 찾아내야 한다. 나중에 다시 자세히 설명되는 부분이므로, 여기서는 간단히 정리하고 넘어가겠다. 회피성 결혼은 자신을 "타인이라는 감옥에 가두는 것과 같다"고 한다. 마샤 배역의 배우는 마샤의 '상황'을 깊이 이해하고 공감해야 한다. 마샤 배역의 배우는 마샤가 회피성 결혼으로 감옥에 갇힌 것처럼 사는 것을 보여줌으로서, 관객에게 그러한 선택을 하지 않도록 경각심, 혹은 위로, 치료, 조언, 충고 등등을 해줄 수 있게 되는 것이다. 줄거리를 잘 정리해서 '주어진 상황을 제대로 파악 했을때, 배우가 얻게 되는 것은 배역의 연기, 즉 행동이다.

2. 행동 찾기의 2단계는 배역과 배우 사이의 타자성 인정이다. 배우 자신과 배역 사이의 거리(타자성) 인정이다. 기준은 관객이다. 스타니슬랍스키가 그의 시스템 전체를 관통하여 수없이 강조한 사실은 "작지만 관객에게 믿어지는 행동을 찾아라" 그것이다. '관객의 시선'을 갖는 것이 중요하다. 드니 디드로가 '배우에 관한 역설'의 관점을 고집한 것도 그렇고, 데클란 도넬란이 '배우와 목표점'이라는 독특하고 유익한 관점을 정리해낼 수 있었던 것도 그렇고, 오순택 선생님이 다시 기술로서 제아미의 이견지견을 발견하고 강조하면서 "이제는 단순히 내가 무엇을 보고 듣는가 하는 것보다 관객이 느끼고 경험하는 것을 위해 내가 무엇을 해야 하는가가 중요한 시대다"라고 가르치신 것도 역시 그런 맥락으로 묶인다. 이견지견은 바로 관객의 시선이다. 관객의 시선을 갖지 않고서 관객에게 믿어지는 행동을 찾아낼 수는 없다. 관객의 시선 문제는 21년 전, 시스템을 배우고 졸업 작품을 하면서 발견하고, 그후로도 지금까지 줄곧 변하지 않은 20년을 견지해온 나의 연출 원칙이다. 연출가 자신이 해야 하는 보이지 않는 작업에 게으른 연출가는 배우의 작업에 기생하는 염치없는 사람이다. 물론 그 반대로도 마찬가지다. 연출가는 적절한 '물음표'들로 배우들을 도울 수가 있다.

그는 누구인가? 꼬스챠다. '등장인물'로서 가장 짧은 대답이다. 그는 어떤 사람인가? 등장인물로 접근하기 위한 긴-대답의 시작이다. 꼬스챠와 같은 사람을 찾아내보라. 그가 처했던 상황과 같은 상황, 그가 내린 결정과 같은 결정을 내린 사람, 그와 같은 성격을 가진 사람, 그런 사람은 '어떻게' 행동할까? 이 세상 어딘가에는 그런 사람이 실제로 있다. 혹은 있었을 것이다. 그러니까 나의 해결은 막연하게(일반적으로) 접근하지 말라는 것이다. 스타니슬랍스키가 연기를 준비하는 과정에서 절대로 하지 말라고 했던 금기였다.

꼬스챠 배역의 행동 찾기

연출가의 질문: 진짜 꼬스챠라면 '어떻게' 행동할까?

대답 혹은 해결: 나는 한국의 천재 시인 이상, 오스트리아 시인 게오르그 트라클이 꼬스챠와 비견되는 같은 결핍을 갖고 있었던 것으로 보았다. 부모의 사랑, 특히 태어나자마자 사랑을 배우는 대상인 어머니의 사랑이 결핍되는 경우, 그 사람이 갖게 되는 정신적인 내상은 매우 심각한 결과를 초래한다. 특히 예술가적 기질을 타고난 사람들이 겪는 고독감, 상실감은 보통 사람들보다 더 깊이 정신에 작용한다. 이상이 부모로부터 떨어져서 큰 집에서 살았다는 사실과 게오르그 트라클이 그 어머니의 이상한 집착(골동품 수집과 그 수집품이 전시된 방에서 나오지 않고 트라클을 유모에게 맡기고 돌보지 않은 것) 때문에 꼬스챠처럼 어머니의 사랑을 받지 못하고 자랐다는 점은 매우 시사적이다. 트라클은 27세에 요절했다. 꼬스챠가 27세에 자살한 것과 비교될 수 있는 지점이다. 요절하기는 했지만 사실 트라클 역시 자살과 다름없다.

목표가 자신에게 없는 상상력을 갖는 것이 아니라면, 꼬스챠로 연기하는 것이라면 목표를 이룰 수 있는 방법은 많다. 목표가 분명하고 그 목표를 이룰 수 있는 방법이 있다면 자격지심이 생길 리 없지 않은가. 천재가 아님을 인정하라. 주도적인 상상력이 없음을 인정하라. 사실 거의 대부분이 이 사회의 틀에서 성장했으므로 상상력 없음이 배우의 잘못은 아니다. 배우가 미하일 체홉처럼 상상력이 뛰어나다면 대본을 읽는 것만으로 충분히 주도적인 상상력이 발휘되어 꼬스챠의 행동들이 그려질 테지만, 그렇지 않은 경우가 많다. 없는 상상력을 어쩌겠는가. 그러니 감정에 기대거나 대사를 외우는 것으로 때우려고 한다. 안 좋은 것은 자의식에 의한 자격지심의 발동이다. 연출가와 충돌하는 원인이 된다. 그리고 만일 배우의 그런 태도가 '습관화'로 강화되면 진짜 큰 문제가 된다. 인생 전체에 걸림돌이 될 수도 있다. 철저하게 잘라내야 한다.

연출가의 질문: 꼬스챠는 왜 자살을 선택한 것일까?
대답 혹은 해결: 두 가지가 될 것이다.

1. '본질적인 사정'이 된 계기는 그의 삶 자체에 있다.(이 점은 이미 앞에서 얘기했다.)

2. 니나가 자신을 완전히 떠난 것 때문이고, 특히 떠나면서 니나가 했던 대사가 결정적인 계기가 되어 작가로서의 자신의 정체성에 대해 자각한다. 사생활에서도 그렇고 작가로서도 '자신만의 삶'에 이르지 못했다는 것을 알게 되고, 더는 살아야 할 이유를 스스로 찾지 못했기 때문이다. 4막에서 니나의 의지와 선택을 듣고 반응하는 꼬스챠 자신의 대사로부터 짐작할 수 있다.

꼬스챠 (슬프게) 나는 믿음도 없고, 가야 되는 길도 모르겠어. 너는 길을 찾았구나. 어디로 가야 되는지 알고 있어. 근데 나는 어떤 혼란스러운 꿈속을 헤매고 있어. 내가 하는 일이 무슨 의미가 있고, 뭘 위해 하는 건지도 모르겠어.

부모가 일찍 헤어져 어린 시절을 혼자 고독하게 방치된 채 유모에게서 길러졌을 꼬스챠는 부모의 사랑을 받지 못해 정신적으로 애정결핍 상태인데다, 엄마에게도 쓸모 없는 존재였는데, 변함없이 사랑했던 니나에게도 필요 없는 존재로 확인되고 말았다. 더구나 지난 2년 니나를 쫓으며 글을 쓰면서 산 시간이 '마치 90년을 산 것처럼' 느껴질 정도로 삶에 지쳐 있었다. 그런데다 스스로 자신의 글에 대한 회의까지 하게 된 상황이다. 독특한 삶으로 인해 독특한 글을 쓰기는 했지만, 형식의 새로움만을 추구했고 내용에 있어서는 삶에 대한 통찰이 없다. 자신의 글에 '인간과 인간의 삶'이 없다는 자각과 함께 마지막 삶의 희망이었던 니나가 완전히 자신을 떠나자, 더는 견딜힘이 없다. 죽음만이 구원이며 자유였을 것이다.

연출가의 질문: 작가가 주인공 꼬스챠의 마지막 순간, 자살 직전 작품을 찢게 한 이유는 무엇인가? 즉, 꼬스챠는 왜 자살 직전 자기가 쓰던 원고를 찢는가?

대답 혹은 해결: 추상적이면 안 된다. '찢는다'는 행동이 분명하게 있으므로, 그 행동의 정당성을 내포한 연기를 해야 한다. 그러므로 희곡 내에서, 대사 속에서 연기할 수 있는 이유를 찾아야 한다. 꼬스챠는 스스로 자신의 원고가 후대에 남아 있을 가치가 없음을 이미 자각했다. (꼬스챠 연기의 뷰포인트) 그러므로 그는 모든 것을 비우는 듯 그렇게 담담하게 원고를 찢었을 것이다. 마치 죽음을 앞둔 사람이 자신의 주변을 정리하듯 그렇게. 4막에서 니나를 만나기 직전의 꼬스챠 대사에 중요한 계기가 되는 대사들이 있다.

꼬스챠 새로운 형식에 대해 그렇게 떠들어댔으면서 이제는 시종일관 진부한 방식으로 써대고 있어. (중략) … 토할 거 같애! (사이) 쓰면 쓸수록, 결국 중요한 건 형식이 낡고 새롭고 하는 문제가 아니라는 생각이 들어. 형식에 구애 받지 않고 쓴다는 게 중요한 거지. 그냥 쓰면 되는 거야. 뭐든지 자기 진심을 쏟아내면 되는 거지.

안톤 체홉이 중심 주제로 깔아놓은 복선이 놀랍다. 1막과 4막에서 하는 도른의 대사, 그리고 4막에서 하는 뜨리고린의 대사에도 이미 예견된 대사들이 있다.

도른의 대사에서

<1막에서>

도른 (혼자서) "너무 몰입해서 봐서 그런지는 모르지만, 정말 좋았어… 뭔가 있었어. 새롭고, 그리고 좀 달랐어…" (중략) "공연 정말 좋았어, 정말로 좀 낯선 것은 사실인데, 그리고 끝까지 보지는 못했지만 굉장히 인상적이었어. 정말 재능이 있는 것 같아. 희곡을 계속 썼으면 좋겠는데 말이야. (뜨레쁠례프는 손을 뻗어, 충동적으로 팔로 도른을 안는다) 아이고, 좀 흥분한 것 같네, 뭘 또 울기까지… 내가 말해주고 싶은 게 뭔지 알아? 물론 어려운 주제를 다루고 있는데, 추상적인 주제를 말이야. 그건 잘하고 있는 거야. 모든 예술작업은 어느 정도 깊이 있는 생각을 표현해야 되는 거니까. 진지한 소재 속에서만이 진실한 아름다움을 찾을 수 있다고." (중략) "그리고 또 한 가지. 무엇을 쓰든 간에 명확하고, 간결하고, 핵심적인 생각들을 쓰라고.

자신이 무엇을 쓰고 싶은 지 정확하게 인지해야 돼. 그렇지 않으면… 길을 잃게 될 거야. 그리고 자기 재능 때문에 무너지고 말거라고."

<4막에서>

도른 나는 꼬스챠를 믿습니다. 뭔가 있어요! 전 알 수 있어요! 그는 어떤 이미지를 그리고, 그 안에서 생각해요. 이야기는 아주 아름답고, 강렬하고, 저를 아주 많이 움직여요. 근데 문제는 그게 명료하지 않다는 거예요. 처음에는 강한 인상을 주는데, 결국은 이도 저도 아닌 게 되는 거죠. 인상만 가지고는 멀리 갈 수 없거든요."

뜨리고린의 대사에서

<4막에서>

뜨리고린 운이 없다고 해야 할까요. 뭐 작가라는 게 가끔 자기 목소리를 못 찾는 경우가 있죠. 그 친구 글은 좀 생소하고 모호하죠. 일상의 사람들에 대해서는 절대 쓰지를 않더라고구요.

<4막>의 꼬스챠 대사에서 드러나듯이 꼬스챠 스스로 깨닫고 있었다. 그런 뒤에 니나의 최종적인 선택, 자신도 아니고 뜨리고린도 아닌, 즉 사랑이 아닌 '배우로서, 자신으로서 살아가겠다는 선택'을 듣고 자신이 자각한 작가로서의 정체성을 확인받은 것이다. 니나가 인생의 목적이었던 꼬스챠는 니나를 잃었고, 작가로서도 목표가 없는 글을 쓰고 있었다는 것을 알게 된 것이다. 그 대사를 다시 보자.

꼬스챠 새로운 형식에 대해서 그렇게 떠들어댔으면서 이제는 시종일관 진부한 방식으로 써대고 있어. (읽는다) (중략) 토할 거 같애! (사이) 쓰면 쓸수록, 결국 중요한 건 형식이 낡고 새롭고 하는 문제가 아니란 생각이 들어. 형식에 구애 받지 않고 쓴다는 게 중요한 거지. 그냥 쓰면 되는 거야. 뭐든지 자기 진심을 쏟아내면 되는 거지. (중략)

작품의 내용과 형식은 인간의 삶의 차원에서 통일되어야 한다. 형식적인 측면, 즉 새로운 방법만을 추구하는 것으로는 자신만의 '삶'에 이르지 못한다. 꼬스챠는 그것을 자각한 것이다. 결국 작가로서의 정체성마저 스스로 부정할 수밖에 없게 된 것이다.

연출가의 질문: 이러한 주어진 상황에서 꼬스챠는 어떻게 행동할까?

대답 혹은 해결: 결국 삶의 목표 전부를 상실한 것이고, 자신을 죽이는 것은 물론 자신이 쓴 글도 소멸시킬 수밖에 없는 것이다. 꼬스챠 역의 배우는 원고를 찢는 순간의 연기 뷰포인트를 찾을 수 있어야 한다. 그 순간의 '1초의 연기', 즉 꼬스챠로서 드러낼 수 있는 '연기의 뷰포인트'를 드러내는 행동을 찾아야 한다. 흔히 표현되듯 그렇게 격정적이고 요란하지 않을 것이다. '찢는다'는 행동을 꼬스챠의 성격과 일치되는 느낌으로 연습해볼 수 있다. 안톤 체홉이 요구한 시간은 실제로 2분이다. 배우에게 2분 동안 조용히 찢는 행동을 해보도록 한다.

연출가의 질문: 작가 체홉이 꼬스챠를 통해서 드러내고 싶었던 작가로서

의 정체성 문제는 무엇인가?

대답 혹은 해결: 재능만으로는 안된다. 작가는 인간과 인간의 삶, 즉 인생을 이해해야 한다. 작가로서의 자신만의 독자성과 함께 인간과 인생에 대한 깊은 통찰과 작가로서의 철학이 있어야 한다. 꼬스챠는 지금 아직은 인생에 대해 잘 알지 못하는 나이다. 그래서 오로지 '형식'에 얽매여 있다. 인생의 문제, 삶의 문제들을 통해 삶의 본질을 드러내는 데 이르지 못한다. 내용과 형식은 인간의 삶의 차원에서 통일되어야만 한다. 체홉이 생각하는 작가로서의 사명, 작가로서도 다른 누구와도 다른 오직 자신에 이르는 삶. 꼬스챠는 비록 마지막 순간에 작가로서의 문제를 자각은 했지만, 이미 삶에 대한 자유의지를 상실했기에 작가로서도 '자신만의 스타일'에 도달하지 못하는 결핍과 불구의 상태로 스스로 삶을 마감한 것이다. 체홉은 자신을 꼬스챠와 뜨리고린으로 분리해서 쓴 것이다. 결국은 둘이 합쳐져야 완전하고 위대한 작가가 되는 것이다.

뜨리고린 배역의 행동 찾기

연출가의 질문: 진짜 뜨리고린이라면 어떻게 행동할까?

대답 혹은 해결: 뜨리고린 역의 배우는 뜨리고린의 삶이 부딪히는 것들 — 이류 통속소설의 작가로서의 삶, 작가가 되기 위해 가난과 싸우면서 살았던 삶, 사랑을 빙자한 아르까지나의 구속, 현실에서 벗어날 수 없는 그의 성격 등등 — 을 경험해야 한다. 그래서 그렇게 질문해야 하는 것이다. 뜨리고린을 재현해야 한다. 뜨리고린을 상상해서 재현하는 것이다. 뜨리고린이 어떤 사람인지 알아야 상상할 수 있다. 우리가 삶에서 발견했던, 발견할 수 있

는 뜨리고린이 있다. 뜨리고린과 같은 작가를 간접적으로 경험했거나 경험할 수 있는 것이다.

연출가의 질문: 그렇다면 뜨리고린을 통해서 말하고 싶었던 작가로서의 정체성 문제는 무엇인가?

대답 혹은 해결: 본질적으로는 꼬스챠를 통해 드러내고 싶었던 것은 작가의 사명과 같다. 작가로서의 자신만의 독자성을 갖고 있지 못하다는 점에 있어서는 뜨리고린 역시 마찬가지다. 내용적인 측면에 있어서 다른 사람들의 인생을 글의 소재로 쓰면서 중요한 것은 삶의 본질을 포착했느냐의 여부다. 그러나 뜨리고린은 인생의 문제, 삶의 문제들을 통해 삶의 본질을 드러내지 못하고 현실에 안주한다. 그의 글은 꼬스챠의 표현으로 알 수 있듯, '쉽게' 읽힌다. 쉽게 읽힌다는 것은 고전과 같은 위대한 작품에 이르지 못한다는 의미다. 현실(먹고 사는 문제)을 극복하지 못하고 대중적인 글을 써서 이류 통속작가로 머물고 마는 뜨리고린을 통해서 작가 자신 젊었을 때 '먹고 살기' 위해 글을 썼던 경험을 얘기하고 있다. 뜨리고린이 아르까지나에게 되돌아가고, 아르까지나의 부름으로 영지를 방문해서 하는 대사를 확인해보라.

뜨리고린 아, 그런데 그때 무대는 아직 남아 있나요? 기억하죠? 당신의 연극 올렸던 곳이요. 한번 가보고 싶네요. 제가 그때 공연을 소재로 한 이야기를 쓰고 있는데, 한번 더 확인해보고 싶어서요.

아르까지나에게 종속된 그가 다시 영지로 돌아왔다는 사실은, 사생활에 있어서도 그가 자유의지가 없음을 확인시켜주며 문학에서도 역시 과거로 퇴보를 했다는 것을 나타낸다. 그 사실에 대해서 그 스스로도 자신이 자유의지가 없다는 사실을 알고 있다.

연출가의 질문: 이러한 상황에서 뜨리고린은 어떻게 행동할까?

대답 혹은 해결: 뜨리고린 역의 배우는 뜨리고린이 니나에게 자신의 글쓰기에 대해, 작가로서의 유명세에 대해 말할 때, 그리고 결국 아르까지나에게 굴복하는 것 같은 비겁한 태도를 취할 때, 그 자신의 그러한 상황에 대해 어떻게 생각할까를 표현해낼 수 있어야 한다.

연출가의 질문: 작가 체홉이 생각하는 작가(예술가)로서의 정체성은 무엇인가?

대답 혹은 해결: 자유의지를 가진 작가는 내용이나 형식에서 자유롭다. 그러므로 진정한 작품은 내용이나 형식에서 모두 새로워야 한다. 새로울 수밖에 없다. 체홉 자신이 그랬다. 그러한 생각 끝에 끝내는 스스로 그러한 작품을 썼다. 체홉의 희곡 작품은 내용이나 형식에서 새로운 인문주의를 토대로 하는 인간과 인간의 삶을 포착해내는 '인문주의'에 입각한 작품세계를 열었다. 그의 작품을 20세기 인문주의적 지성인들이 열광하며 흡수한 이유다. 그래서 인문학적 내공 없이 체홉의 작품을 제대로 즐기기는 쉽지 않은 것이다. 체홉 작품이 쉽게 읽히지 않는 이유는 거기에 있다.

니나 배역의 행동 찾기

연출의 질문: 작가 체홉이 아르까지나와 니나를 통해, 특히 니나의 마지막 대사에서 전하고자 하는 배우의 정체성은?

대답 혹은 해결: 너무나 분명하다. 니나의 대사에 답이 나와 있다. 니나는 배우로서 자신의 삶에 도달할 준비가 되었다.

니나 지금은 진짜 배우가 됐어. 연기하는 게 너무 좋고, 내가 멋있다고 생각해 나는 무대에 사로잡혔어. 무대에 서면, 나는 너무 아름다워. 며칠 사이에, 여기 돌아온 다음에, 몇 시간이고 걸어 다녔어. 생각하고 또 생각했어. 그리고 하루하루 내 영혼이 더 강해지고 있다고 느꼈어. 이제 알게 됐어. 꼬스챠, 이해할 수 있게 됐어. 마침내 우리가 하는 일들 ― 연기하는 일, 글쓰는 일, 다 똑같애 ― 중요한 건 유명해지는 것도 아니고, 박수 받는 것도 아니야. 그건 내가 꿈꾸던 게 아니었어. 무엇보다도 가장 중요한 건 계속 하는 거야, 무슨 일이 일어나도. 계속 믿어야 돼. 나는 믿어. 그리고 그게 힘이 돼. 이제 내가 가야 되는 길을 생각하면, 어떤 것도 두렵지 않아."

이제 니나는 니나 자신이 성숙했기 때문에 니나 자신으로서도, 여배우로서도 그 누구와도 비교할 수 없고 바꿀 수 없는 자신만의 단독성의 길을 온몸으로 밀고 나갈 것이다. 그것이 자기 삶을 통찰하지 못하고 정체된 꼬스챠와 다른 점이다. 꼬스챠//니나의 대조된 선택을 통해서 작가가 전하고 싶은 '예술가로서의 정체성'인 것이다.

니나 역의 배우는 니나의 삶이 부딪히는 것들 '니나로서의 삶, 꼬스챠와의 사랑, 뜨리고린과의 사랑, 지방을 전전하는 삼류 여배우로서의 삶'을 경험해야 한다. 그래서 니나에게 주어진 모든 상황에서 니나 역의 배우는 그렇게 질문해야 하는 것이다.

연출의 질문: 니나는 어떻게 행동해야 할까?

대답 혹은 해결: 니나는 자기 사랑을 부정하지 않는다. 꼬스챠를 사랑했던 자신도, 뜨리고린에 대한 사랑도 부정하지 않고 인정한다. 인정하는 사람만이 앞으로 나아간다. 니나는 스스로 인정을 했기 때문에 사랑으로부터도 자유로워질 수 있었고 자유의지를 갖고 앞으로 나아가는 선택을 할 수 있는 것이다.

> 니나 (중략) 나 그 사람 사랑해. 전보다 더 사랑해. 단편소설의 주제. 나는 그 사람 사랑해, 사랑해, 미칠 듯이 사랑해. (중략) 예전에 정말 좋았었잖아. 꼬스챠, 우리 그랬잖아? 기억나? 선명하고 밝게 빛나고 기쁨에 넘치고, 우리의 마음은 부서질 것처럼 섬세하고 아름다웠어.

니나 역의 배우는 온몸으로 배역의 마음을 이해하고, 온몸으로 표현해 주어야 하는 것이다. 그래서 오순택 선생님이 제자들에게 "온몸으로 연기하라"는 주문을 하셨던 것이다. 그래야 배우 역시 배역의 삶을 경험한 뒤에 결국은 '자기이해'라는 지점에 도달할 것이기 때문이다.

연출가의 질문:

— 니나 역의 배우에게

니나는 (아르까지나를 사랑하는) 뜨리고린의 마음을 자기를 사랑하도록 바꾸기 위해 뜨리고린에게 어떻게 행동할까? 니나의 행동, 태도, 시선이 어떻게 바뀔까? 니나는 자신의 눈과 마음에 이미 뜨리고린이 들어와 버린 걸 꼬스챠에게 어떻게 감출 수 있을까? (어떤 행동으로? 어떤 태도로? 어떤 표정으로? 어떤 시선으로?)

— 꼬스챠 역의 배우에게

꼬스챠는 뜨리고린에게 마음을 빼앗긴 니나의 마음을 돌리기 위해 어떻게 행동할까? 꼬스챠는 니나의 마음을 빼앗아간 뜨리고린에게 어떻게 행동할까?

— 뜨리고린 역의 배우에게

뜨리고린은 니나를 향한 마음을 감추기 위해 아르까지나에게 어떻게 행동할까? 뜨리고린은 자신도 니나를 사랑하게 됐는데, 이미 니나를 목숨도 불사하고 사랑하고 있는 그녀의 연인인 꼬스챠에게 어떻게 행동할까?

대답 혹은 해결: 배우에게 남겨진 과제다. 연출가와 배우의 보이지 않는 작업은 여기까지다.

위의 질문들이 배우를 도와줄 수 있다. 행동의 이유를 찾는다면 움직임이 쉬워질 것은 당연하다. 인물의 행동은 상대와의 관계로부터 나온다. 그리고 대사가 알려준다. 인물의 모든 대사는 반응이다. 인물의 모든 행동 역시 반응이다. 가장 인간적인(본능적인) 반응을 찾아내는 것이 관건이다.

연출가나 배우 모두에게 필요한 것은 자신의 직접적, 혹은 간접적인 삶을 통한 '인간과 인간의 삶'에 대한 이해 능력과 상상력이다. 배우 각각의 삶이 다르고, 살아온 시간대가 다르기 때문에 그 능력은 모든 배우에게 고르게 내재되어 있지 않은 경우가 많다. 그러므로 연출가가 해줄 수 있는 일은 연습 과정에서도 끊임없이 창조적인 질문을 던져주는 일이다. 또한 배우는 배우 스스로 배역에 대해 끊임없이 질문을 던질 수 있어야 하고, 연출가에게도 배역에 대해 많은 질문을 할 수 있어야 한다. 연습은 언제나, 항상 온몸으로 힘든 것조차 즐기면서 해야 한다. 이것이 내가 생각하는 연습의 기본자세다.

이제 배우는 배역을 온몸으로 만나기 위한 실제적인 작업을 해야 한다. 미하일 체홉의 표현으로 말하면, 실제적인 목표들과 하위 목표들을 찾고 실행하는 데 전력투구해야 한다는 의미다. 신체는 물론이고 마음까지 배역을 이해하고 받아들이는데 온몸으로 전력투구해야 한다. 그것이 배우가 '인물화'되는 과정이든, 배역을 '자기화'하는 과정이든 그것은 배우의 선택이다. 그러나 어떤 스타일로 배역과 하나가 되어가든 중요한 것은 자신이 이해한 대로 그 사람을 온몸으로 연기해 주어야 하는 것이다. 그 과정에서 나와 함께 했던 보이지 않는 작업이 계속해서 나침반이 되어줄 것이다. 하지만 이 정도로 함께 한 작업으로도 사실은 부족하다. 배우 스스로 그 이상을 해야 한다. 그 사실을 깨닫고 난 뒤면, 사실은 아주 많이 늦다. 후회라는 감정이 안 찾아올 수가 없다. 어쩌면 배우로 살면서 지금 하고 있는 그 배역을 다시 만나기 어려울 것이기 때문이다.

2. 배역의 신체화

신체화는 작지만 믿어지는 배역의 행동 찾기다. 연습 전 전 단계에서 미리미리 하는 것이 좋다. 일단 우선적으로 신체화에서 중요한 핵심은 배역의 정체성이다. 배역의 정체성에 따라 신체화가 이루어져야 한다. 신체화를 위해 배우가 '기본'으로 갖추어야 하는 것은 '몸', 즉 '신체'와 '심리'의 조화로운 상태다. 신체의 심리적 반응 메커니즘을 알고 있어야 한다. 배우의 본질은 이야기를 연기하는 것이다. 배우의 몸은 이야기를 기막히게 행동으로 바꾸어서 전달하기 위해 필요한 것이다. '신체를 디자인'하는 신체화의 의미는 바로 그러한 맥락인 것이다. 신체화에 있어서 가장 큰 장해가 되는 것은 배우 자신에게 습관으로 붙어있는, 자신을 규정짓는 외형화된 신체 조건이다. 그러므로 올바른 신체화를 위해 자신의 신체적 습관을 바꾸어내야 한다.

미하일 체홉은 '잘 발달된 신체나 근육이 과도하게 발달된 신체' 모두가 배우에게는 좋지 않다고 했다. "생각의 활동을 줄이고, 느낌을 무뎌지게 하며, 의지를 약하게 하기 쉽다"는 것이다. 전적으로 동의한다. 요즘 젊은 연기자들이 외형적 몸 만들기에 집착적으로 매달리는 이유는, 소위 TV 스타라고 하는 배우들의 영향 때문이다. 그들에게는 외모, 즉 비주얼이 중요하기 때문이다. TV 여배우들이 계속해서 얼굴 성형에 집착하는 것과 같다. 자신을 상품으로만 취급하는 일이다. 배우의 본질인 '이야기꾼'에서 벗어나도 한참 벗어난 것이다.

아마도 오순택 선생님의 제자들이 '신체화'라는 용어와 가장 익숙할 것이다. 신체화를 위한 연기의 기본 장치는 위에서 설명한 대로 '이견지견—떼어놓고 보는 것이 보는 것'이다. 특히 스타니슬랍스키 시스템의 핵심은 '신체의 심리적 반응 메커니즘'을 토대로 한다. 사실 스타니슬랍스키 시스템의 핵심이 되는 '행동'은 행동 자체로서 '반응'이라고 할 수 있다. 스타니슬랍스키 시스템은 체홉 작품을 제대로 표현해내기 위한 방법으로 최적의 연기술일 것이다. 물론 올바른 적용을 했을 때 그렇다. 내가 여기서 올바른 적용이라고 하는 것은, '이견지견'이라는 용어에서 알아챘겠지만 보다 21세기에 최적화된 진화된 적용이 필요하다는 의미다.

나는 21세기 지금, 여기서 우리 배우들과 만들어갈 체홉의 「갈매기」를 위한 가장 최적인 적용은 시스템으로부터 진화된 것으로 확신하는 오순택 선생님의 신체시정적방법이라고 생각한다. 쉽지 않은 일이지만 선생님의 연기를 본 우리들의 실천(작품에의 적용)에 의해서 실현되지 않는다면 대가의 노력은 너무나 쉽게 잊힐 것이다. 연기 메소드는 재능 있는 배우들에게 더 필요하다고 했다. 거꾸로 재능 있는 배우들은 연기 메소드를 습득하는 것을 쉽게 생각하지 않고, 간과하지도 않는다. 나 역시 쉽지 않은 일인 것을 알지만 나는 연출가, 연기 마스터의 입장으로 신체시정적인 미학을 적용하고, 재능 있는 배우들에게 꼭 필요한 연기 방법으로 진화시켜보려고 한다. 실천으로 드러내고 보여주는 것은 연기자—제자의 몫일 것이다.

연출가의 질문: 인물의 나이와 직업을 아는 것이 왜 필요한가?

대답 혹은 해결: 이미 말했듯이 신체화를 위한 과정에서 배역의 정체성을

파악하는 것은 기본이고, 인물의 나이와 직업 역시 배역의 정체성과 관계가 있으므로 인물의 나이와 직업은 구체적으로 인물을 신체화 하는데, 그리고 인물의 행동 찾기에 대단히 유익하다.

기본적으로 나이는 에너지와 관계해서(젊음/늙음처럼) 신체적 조건을 규정짓기 때문이고, 직업은 직업에 따른 습관(사무직/노동자처럼)이 생김으로서 신체적인 조건들이 재구축되기 때문이다. 그래서 구체적인 나이와 직업은 인물들의 태도와 행동을 찾는데 도움이 된다. 인물의 행동을 신체화하는 데 있어서도 대본에서 찾아야 하며, 또 구체적이어야 한다.

배우의 나이와 직업

· **아르까지나**: 서른두 살로 보이는 마흔셋의 여배우, 기본적으로 여배우로 살면서 남을 의식하는 만들어진 태도와 말투가 있다. 자신이 여배우인 것과 그 일을 대단히 열심히 하고 있다는 것을 자랑스럽게 생각한다. 그녀들은 생활이 이미 연기처럼 된 경우가 많다. 일상적으로 하는 말도 일상적이지 않다. 또 얼마나 자기 몸매와 얼굴을 가꿀지 알만하다. 작가는 아르까지나가 자신의 일에 대해 장황하게 자랑하는 것으로 2막을 시작하고 있다. (2막 첫 장면의 행동을 찾아낼 수 있다.)

· **뜨리고린**: 마흔도 채 안 된 서른일곱이나 서른여덟의 유명한 작가. 아르까지나와 다섯이나 여섯 차이. 연하의 남자 애인, 아르까지나가 과시용으로 옆에 세워둘만 하다. 니나와는 스무 살 혹은 스물한 살 차이로 니나의 사랑고백을 덥석 받아들이지 못하고, 장황하게 작가 생활의 불행으로 그저 연민만을 자아내는 수밖에 없는 이유가 된다.

- **꼬스챠**: 대학을 중퇴한 스물다섯의 천재적 재능의 극작가 지망생. 젊은 천재를 내세워서 새로운 형식에 대해 말하는 것은 이 작품에서 예술에 대한 안톤 체홉의 관점을 알 수 있게 하는 매우 중요한 지점이다. 연극 안에 다시 새로운 형식의 연극을 넣었다.

- **니나**: 귀하게 자란 천방지축 시골 유지의 외동딸. 고생이나 가난은 모른다. 그러나 전처의 유산조차 새로 결혼한 부인에게 상속한, 완고한 지주의 딸로, 계모 밑에서 자란 열아홉의 혼기가 찬 처녀. 내재된 억눌림이 없을 수 없다. 멀리 떠나가고 싶은 심리가 없을 수가 없는 것이다. 꼬스챠를 만나기까지 상황은 아버지가 완고하고, 혼기가 찬 처녀니 당연히 집에서 외출하기 어렵다. 일찍부터 계모에게 어머니의 유산은 물론, 아버지의 사랑을 빼앗긴 결핍이 나이가 그녀가 스무 살이나 차이나는 뜨리고린을 사랑하게 되는 데 한몫 했을 것이다. 고생을 해본 적도 없고 가난해본 적 없으니, 뜨리고린과 헤어지고 인생이 완전히 박살났을 때, 그 좌절과 절망은 이루 말할 수가 없을 것이다.

- **도른**: 쉰다섯의 산부인과 의사. 병원을 찾는 동네 부인네들에게 인기가 좋다. 그만큼 친절하고 신사적이다. 산부인과 의사 생활에서 숱한 아이의 출산을 도우면서 부인네들에게 사심을 가지면 안되기도 하고 별로 사심이 생기지도 않았을 것이다. 또 긴 의사생활에 염증을 느끼고 결혼에 대한 생각이 없어졌을 수도 있다. 아르까지나가 여배우로 유명해지고 영지로 돌아온 나이 스물여덟 때 반했지만, 그는 이미 마흔, 15년 가까이 산부인과 의사 노릇을 했다. 그러니 사랑의 열정에 빠지기에는 산부인과 의사로 산 시간에 너무 지쳐있으며, 또 늙어가는 나이였다. 그래서 바라보는 사랑에 만

족한다. 만족한다는 것이 마샤와는 다른 행동을 하게 하는 것이다. 무조건의 사랑이며, 배려의 사랑이다.

• **샤므라예프**: 퇴역 중위(장교 출신임이 드러나는 태도가 있을 것이다). 소린 가의 영지와 저택을 관리하는 구체적으로는 영지 경영에 수단이 뛰어나며 철두철미한 관리인(돈 들어가는 일에는 철두철미 하므로 시시콜콜 따진다. 그 행동에는 분명 자신만의 이유가 있기 때문에 자신감이 넘칠 것이다)이다. 마샤의 나이 스물두 살에 샤므라예프가 중위로 퇴역한 나이를 추정해서 더하면 마흔 여섯 쯤. 주인인 소린과 여배우로서 추종하고 숭배하는 소린의 여동생 아르까지나에게 조차도, 조금도 기죽지 않는 일중독자.

• **뽈리나**: 샤므라예프의 부인. 마샤의 나이에 뽈리나가 결혼했을 법한 혼기 찬 나이 열여덟이나 열아홉, 혹은 스물을 더하면 마흔이거나 마흔 하나 둘 쯤. 혼기를 넘길 수 없으므로 중매로 샤므라예프와 사랑 없는 결혼을 했고, 결혼해보니 샤므라예프는 완전히 일중동자에 무식한 폭군에 가깝다. 게다가 아들도 아닌 딸을 낳고 보니, 자신은 그저 일꾼 취급을 받게 된다. 그런데 소문이 자자했던 동네의 유명한 산부인과에서 마샤를 낳았다. 마샤를 낳고 나서 멋지고 근사한 의사 도른에게 반해서 사랑하게 되고, 마침 여름이면 영지에 오는 여배우 아르까지나에게 사랑에 빠져 여름휴가를 저택에서 보내다시피 드나들게 된 도른에게 호시탐탐 구애를 한다. 도른보다도 훨씬 젊은 나이가 뻔뻔하게 들이대는 데 있어서 한몫을 한다. 뽈리나의 구애 행동이 구체적일 수 있다.

• **마샤**: 스물두 살. 2년 후에는 스물네 살. 집사의 딸로서 신분이 다른 주인의 조카를 사랑하게 된다. 초등교육 말고는 특별히 높은 교육도 받지 못

한 채, 자기 일이 없이 노처녀가 되어 버렸다. 꼬스챠와의 계급 차이 때문에 고백도 못하고 시시콜콜 챙겨주면서 바라만 보는 사랑을 하고 있다. 도른과는 다르다. 꼬스챠를 강력하게 원하지만 여러 가지 주어진 조건이 그녀를 막아서서 용기를 내지 못한다. 그것이 마샤와 꼬스챠의 관계에서 나오는 행동을 찾게 해준다.

• **메드베젠꼬**: 미혼이며 초등학교 교사. 사범대를 졸업하고 이웃 동네로 부임을 했고 동네에서 매파의 중매로 마샤를 알게 되기까지의 시간과 구애한 시간을 더하면 스물일곱의 노총각이지 않을까? 제정 러시아에서 스물일곱 나이면 엄청난 노총각이다. 2년 후에는 스물아홉. 1막 시작할 때, 가정적인 남편, 딸 바보가 될 수 있는 가능성을 이미 보여야 한다.

• **소린**: 60세, 2년 뒤에는 62세. 작가가 되고 결혼을 하는 것이 꿈이었지만, 4등 문관으로 28년을 재직하고 퇴직한 연금 수령자이면서 영지와 저택의 주인. 여동생에게는 꼼짝 못하는 오빠다. 그러나 영지 관리는 완전 문외한이며, 회계도 잼병이라서 샤므라예프에게 완전히 의지하기 때문에 그에게 꼼짝 못한다. 영지에서는 할 일이 아무것도 없다. 일을 하다 그만두면 늙는 속도가 빨라진다. 모스크바에서는 4등 문관까지 하면서 잘 살았는데 점점 마음의 병을 앓게 되고, 그러니 자존감도 잃어가고 도시 생활만 그리워하게 된 노인네다. 그런 상황에서 연극이 올라가고 결혼이 꿈이었던 그가 풋풋하고 자식이나 마찬가지인 젊은 조카와 이웃 처녀의 사랑을 어떤 눈으로 보겠는가. 작가 뜨리고린을 대할 때의 태도는 또 어떨까. 그의 행동이 찾아질 수 있는 정보들이다.

나이와 직업에 따른 신체화

4막 니나의 나이와 직업을 아는 것이, 그녀의 절망적인 상태를 '신체화'하는 데 있어서, 어떤 해결을 하게 해주는지에 대한 예를 꼬스챠의 4막 대사를 통해서 확인시켜 주겠다.

꼬스챠 집을 뛰쳐나간 다음에 뜨리고린하고 만났어요. 그건 알고 계셨죠?

도른 응, 그건 알고 있었어.

꼬스챠 애기가 있었구요. 애기가 죽었어요. 뜨리고린은 니나에게서 마음이 떠났고 다시 예전 애인에게로 돌아갔어요. 예상대로요. 사실 예전 애인과는 헤어진 적도 없어요. 두 쪽 다 속인 셈이죠. 전형적인 케이스라고 해야 될까요. 제가 알기로는, 니나 인생은 완전히 박살났어요.

도른 무대에서는 어땠나?

꼬스챠 더 참담했죠. 모스크바 근처의 별장 무대에서 시작했는데, 그 뒤에 지방 공연을 다녔어요. 그때 제가 따라다녔거든요. 주인공 역할을 맡곤 했는데, 잘 못했어요. 투박하고, 둔하고, 너무 소리만 질러대고, 몸짓도 많이 어색했어요. 꽤 좋았던 순간들도 있긴 했는데 — 보통 괴로워하거나 죽는 장면들이었어요. 그 순간도 아주 잠깐이긴 했지만요.

도른 재능이 있지 않았나?

꼬스챠 그렇다고 말하긴 어렵죠. 아마도요.

연출가의 질문: 인물들과의 '관계정의' 또한 「갈매기」에 등장하는 배역들의 신체화에 매우 중요한 작업이다. 왜 그런가?

대답 혹은 해결: 관계정의는 1부에서 충분히 공부했다. 여기서는 관계정의를 실제 연습에서 배우 자신이 배역에 적응하는 데 어떤 의미부여가 되는 지 확인할 것이다. 관계정의는 인물의 신체적 조건과는 또 다르게, 상대와의 관계에 따라서 '태도'가 바뀌기 때문에 대단히 중요하다.

주인공 꼬스챠를 예로 들어보자.

• **꼬스챠 & 소린**: 삼촌 소린과의 관계에 따른 행동을 생각해 보자. 꼬스챠는 제일 먼저 삼촌과 함께 등장한다. 니나와 함께가 아니다. 역시 안톤 체홉이다. 삼촌은 꼬스챠가 현재 가장 기대고 있는 존재이기 때문이다. 어머니와는 열일곱 살이나 차이가 나고 자신과는 서른다섯 살이나 차이나는 아버지와 같은 존재다. 소린을 대하는 태도는 그러한 관계로부터 나와야 한다. '기대고, 사랑하고, 그러면서도 존중하는 그런 태도'가 되어야 한다.

• **꼬스챠 & 마샤**: 삼촌 소린 집을 관리하는 영향력 있는 집사의 딸이다. 위치에 따른 경계선이 분명하다. 여자로 볼 수 없는 것이 당연하다. 그러나 뒤에서 누이 같이 돌봐주니, 고마움이 없을 수는 없다. 그러므로 누이에게 대하듯 하는 친근함으로 대해야 한다.

• **꼬스챠 & 니나**: 연인 관계다. 그것도 아주 풋풋한 '첫사랑'이다. 그리고 니나는 꼬스챠보다도 여섯 살이나 아래인 연하다. 꼬스챠 자신의 나이는 스물다섯 살이지만, 니나 나이에 동화되어 자신도 열아홉 살 나이처럼 행동하게 된다. 그리고 죽음도 불사할 만큼이나 사랑한다. 그러니 니나와 만날 때는 방방 뛸 수밖에 없다.

• **꼬스챠 & 아르까지나**: 삼촌 소린과의 대화를 통해서 이미 등장한 엄마다.

어떻게? '사랑한다/사랑하지 않는다'에서 '사랑하지 않는다'로 결론지어버리린 엄마다. 오랫동안 사랑받지 못했던 분노가 억눌려 있다. 1막에서 엄마 얘기를 할 때, 분노를 억누르지 않으면 3막에서 엄마와 대판 붙는 장면에서 그 분노가 폭발하는 과정을 보여줄 수가 없다.

•**꼬스챠 & 뜨리고린**: 엄마의 애인이다. 좋을 리가 없다. 특히 니나의 사랑이 그에게로 옮겨가자 수컷의 본능이 드러나면서 적대적이 되고 만다. 그를 만날 때는 '남자//남자'로 만나야 한다.

•**꼬스챠 & 도른**: 삼촌의 주치의 노릇을 하고 있는 삼촌과는 친한 동네의사다. 1막에서 꼬스챠의 새로운 형식의 '극중극'을 보고 나서, 정말 유일하게 꼬스챠의 작가적 재능을 알아봐주고 적극적으로 격려해 준다. 고마울 수밖에 없다. 그리고 4막에서 그를 통해서, '니나'의 현황(현재 4막에 주어진 니나의 상황)에 대해 얘기하는 것도 다 작가 체홉의 잘 짜인 프랙털 구조적인, 플롯인 것이다.

이 정도만으로도 이미 꼬스챠는 여섯 가지, 다양한 신체 형태가 찾아질 수 있다. 이 다양한 꼴이 모두 장착이 된다면, 신체적으로 완전히 다른 변화무쌍한 태도의 연기를 '신체 연기'로 할 수가 있다. 그래서 연기 변신이 자유롭게 표현이 된다면 관객은 꼬스챠를 보는 것만으로도 우리의 「갈매기」를 보는 것이 즐거울 수가 있게 되는 것이다.

5장

훈련

연기(Play) 기술 장착 , 다섯 — **관객심리행동법**

■ 관객심리행동법

핵심은 공감이다. 즉, 공감을 목표로 하는 Play를 위한 장치다. 연출가로서 추구하는 연극(Paly)을 위한 관객과 소통하고, 관객의 공감을 이끌어내기 위해 반드시 갖추어야 하는 태도라고 확신하고 있고, 그 점은 배우에게도 마찬가지다. 사실 Play를 위한 이 모든 장치들도 결국은 관객과의 소통과 공감을 목표로 한다. 배우 역시 관객이 공감하는 연기가 배우의 연기 목표가 되어야 한다는 점에 있어서 이의가 없을 것이다. 처음 이 생각이 나에게 들어온 것은 1995년 연출과에서 연출마스터 자격을 얻기 위한 공연을 준비하면서였다. 그 생각을 정리한 내용들이 『관객심리행동법』이라는 책으로 나온 것이 2005년이다. 연출가로서의 고민, 관객과 소통하기 위한 고민에서 비롯된 '관객심리행동법'은 결국 배우에게도 반드시 필요한 Play를 위한 장치가 된다고 확신하게 되었고, 지금의 생각으로 진화되기까지 다시 22년의 시간이 걸린 셈이다.

그런 맥락으로 철학자 김용규가 그의 책 『철학카페에서 시 읽기』에서 "오직 나에게 응답하고 나를 배려하는 2인칭 상대들의 존재만이 나에게 의미가 있다"고 풀어놓은 '상호주관적 매듭'의 의미는 관객심리행동법을 이해하는데 매우 유익할 것이다. 상호주관적 매듭이란 용어는 프랑스 철학자 가브리엘 마르셀이 지은 것인데, 쉽게 말하면 김남조 시인의 시 제목 「그대가 있어야 내가 있다」처럼 원칙적으로 관객이 없으면 배우의 '존재의 의미'는 없다. 상대 배역이 없으면 배우의 '존재의 의미'는 없다.

"모든 존재, 다시 말해 모든 존재자들이 가진 '존재의 의미'는 오직 '2인칭 관계'에서만 발생한다는 사실입니다. 별로 특별하지 않게 들릴 수도 있지만, 우리는 이 말에 주목해야 합니다. 왜냐하면 이 말 안에 우리가 살고 있는 '존재물(또는 사물)의 세계'에서 우리가 살아가는 의미를 발견하는 '존재(또는 존재의 의미)의 세계'로 들어가는 비밀스러운 문이 있기 때문입니다."

김용규, 「철학카페에서 시 읽기」

나에게는 그의 말이 특별하게 들렸다. 상대역과 관객과의 공감의 문을 여는 문이기 때문이다. 상대역없이 내 배역은 존재할 수가 없다. 오순택 선생님이 '배려'라는 표현을 쓰시면서 상대역에 대해 존중하는 자세를 강조하신 것과 같은 맥락이다. 연극은 참으로 놀랍도록 유익한 놀이다. '시를 짓는 것' 이상으로 창조적인, 철학적인 놀이다.

■ 연기의 뷰포인트 & 관객심리행동법

연기의 뷰포인트에 대해서는 '준비' 작업으로 충분히 이해했을 것이다. 체득해가는 일만 남았다. 체득을 위해 기억해야 할 것은 작품 전체에 대한 준비 작업이 왜 중요한지에 대한 공감이다. 흔히들 말하는 진정성은 배우의 감정으로 얻어지는 것이 아니다. 배역의 행동이 정당한가? 진실한가? 거기에 달린 것이다. 배역의 행동이 관객에게 충분히 진지하게 받아들여질 수 있는 지점을 찾아야 한다. 관객의 관점으로 특히 배역의 행동에 대해서 이견지견, 자신과 떼어놓고 끊임없이 질문을 던져야 한다. 삶이 어떤 연속선상에 놓이듯이 연극 역시 그렇다. 압축된 삶의 흐름에 놓인다. 배우의 연기는 배역의 삶의 흐름이다. 그 삶의 흐름에서 관객의 감수성을 건드려서 '삶'에 대해 생각해볼 수 있는 극적인 일들이 일어나듯, 그렇게 뭔가가 일어나야 되는 것이다. 그러한 관점으로 바꾸어서 앞에서 마샤에게 던진 질문을 다시 관객의 관점으로 해결해보자.

연출가의 질문: 마샤는 왜 메드베젠꼬하고 결혼했을까?

대답 혹은 해결: 마샤의 심리를 이해해야 한다. 오로지 자기 자신에게서 달아나기 위해 결혼을 선택하는 사람이 있다고 한다. 그런데 이 경우 그 사람이 느끼는 외로움이나 그리움은 사실 '자신을 지탱할 수 없기 때문에 자신에게서 도망치려는 심리에서 나온 것'이라고 한다. 그리고 그 이유는 '자신을 참고 견디지 못하고, 자신을 충분히 사랑하지도 않기 때문'이라고 한다. 마샤의 결혼은 '빈 방'에서 스스로를 구하기 위해 타인이라는 '감옥'에 가두는 것과 같다.

스타니슬랍스키는 자신의 메소드를 '심리 기술'이라고 명명했다. 배역의 심리를 이해하는 것, 그것이 출발점이다. 결코 자신의 감정으로 출발하는 것이 아니다. 그 오류를 바로 잡아야 그의 연기 접근법이 제대로 배우 자신을 진화시키는 길이 된다. 이 지점에서 비평가들이 안톤 체홉의 희곡들을 해석할 때 늘 따라 나오는 말을 확인해보는 것은 유익하다.

"체홉 희곡의 특징은 표면적으로 명확하게 드러나지 않는 등장인물들의 '심리적인 미묘한 갈등'을 꼽을 수 있다."

'마샤의 심리적 갈등'을 이해하는 것이 그녀의 행동을 이해하는 열쇠가 되는 것이다. 심리 기술을 제대로 적용하면 체홉 희곡의 특징을 제대로 드러낼 수가 있다. 마샤의 심리적인 갈등을 이해하는 시 한 편을 음미해보자. 오르탕스 블루의 「사막」 전문이다.

"그 사막에서 그는 너무 외로워 때로는 뒷걸음질로 걸었다. 자기 앞에 찍힌 발자국을 보려고"

마샤와 같은 짝사랑의 외로움을 가지고 공연을 보러 오는 사람도 있을 것이다. 가상의 관객을 상상하고, 그 관객과 소통한다고 상상해 보라.

연출가의 질문: 소린과 같은 관객에게 소린의 대사를 한다면? 니나와 같은 딸인 관객은? 아르까지나와 같은 엄마를 가진 꼬스챠같은 아들이 관객으로 온다면? 등등.

대답 혹은 해결: 젊을 때 하고 싶은 일이 '결혼'하는 것이었는데, 결혼하지 못한 소린과 같은 관객이 있을 수 있다. 작가가 되고 싶었던 관객이 올 가능성은 더 많다. 그런 관객들에게 소린의 말을 건넨다면 그 관객들과 '의기투

합'하게 될 것이고, 그러한 관객들은 소린의 말에 더 공감하게 될 것이다.

니나와 같은, 배우의 꿈을 꾸는, 그러나 집에서는 반대하는 아버지가 엄한, 혹은 어머니가 새어머니인 니나와 같은 관객은 더 많을 것이다. 배우는 그런 관객들과 자신의 배역인 니나를 통해서 소통하고 공감할 수가 있다.

관객 중에는 필시 아들에 대한 사랑보다 자신의 일을 더 소중하게 생각하는 엄마를 가진 꼬스챠와 같은 아들도 있을 것이다. 그저 단순히 꼬스챠와 같은 작가 지망생 관객이 온다면, 적어도 그 부분에서만큼은 소통하고 공감할 수 있다.

1. 몸 풀기

배우가 몸을 푸는 본질적인 목적은 신체와 영혼이 결합된 Play를 위함이다. 다시 말해서 '몸 풀기' 역시 'Play is Play'의 관점으로 생각해야 한다. 당연하다. 필요한 긴장과 반응을 위해서 이완하는 방법을 알아야 되기 때문이다.

아마 그러한 연기를 목적으로 연기해본 경험이 없다면 이해되지도 않을 것이고, 자기 자신으로 무대에서 자유로울 수 있기 위한 자기만의 몸 풀기를 구성하는 작업은 더더욱 하지 않을 것이다. 인간은 목적 없는 행동을 하지 않는다. 훈련이 완벽함을 만드는 필요조건이지만 실제로 뇌신경과학에 의해서 밝혀진 바로는 훈련의 부정적인 측면이 분명히 있다. 바로 '습관화'다. 학습과 연습의 기계적인 습관화 과정은 오히려 비창조적이기 때문이다. 스타니슬랍스키가 기계적인 연기에 대해 극도로 부정했던 이유이기도 하다. 실제로 '이완'이 왜 필요한지, 무엇을 위해서 필요한지 그 목적을 모르기 때문에 몸 풀기가 기계적으로 습관화되거나 일회성에 그친다. 목적이 분명하면 그 목적 때문에 항상 자기 몸을 관찰하면서 '민감화'의 방향으로 몸 풀기를 할 수 있게 된다. 단지 몸에 대한 호기심을 갖는 것만으로 몸 풀기를 민감화 쪽으로 계속해서 발전시킬 수 있다.

연출가의 질문: 배우들에게 거의 '이완' 훈련에 대한 믿음이 없다. 그 이유가 무엇인가?

대답 혹은 해결: '이완'이 왜 그렇게 중요한지, 연기와 구체적으로 어떻게 연결되는지를 몰라서다. 이완이 토대가 되는 '/사이/의 연기'를 터득하면 이완에 대한 생각이 완전히 달라진다. '/사이/의 연기'는 연기의 뷰포인트를 찾는 기술을 탐구하는 과정에서 완성된 기술인데, 오순택 선생님의 신체시정적 접근법('행동이 행동으로 자유롭게 이어지기 위해서', 더 정확하게 말하면, '순간에서 순간으로'의 연기)과 나의 '문장//쪼개기' 기술을 토대로 찾아낸 행동과 행동 그 /사이/를 이완하는 조절 감각을 토대로 연기가 흐름이 되게 하는 기술로 결합했다. '/사이/의 연기'는 기술이지만 터득하기만 하면 재능이 될 수 있다. '/사이/의 연기'를 터득하기 위한 조건들을 먼저 이해하라.

'1초의 연기'에 대해 알아두라. 중요한 것은 순간에서 순간으로 넘어가는 1초의 선택 기술 혹은 선택의 재능이다. 1초의 반응으로 '시선, 호흡, 행동'을 찾을 수가 있다. 다시 설명하면, 1초를 시선으로 잡을 것인가? 호흡으로 잡을 것인가? 행동으로 잡을 것인가? 그것을 결정해야 한다. '1초' 단위의 생각의 이완 없이는 해결되지 않는다.

'대사 전 연기', '대사 후 연기'에는 항상 '사이'가 있어야 한다. 역시 선택의 기술이고 재능이다. 모든 대사는 반응이다. 우리는 아무런 이유 없이 대사를 시작하지 않는다. 말을 끝내는 것으로 끝내지 않는다. 말을 하고 나면 자신이 한 말에 대해 상대의 생각을 알려는 노력을 한다. 배역도 마찬가지다. 앞에서 뭔가가 있었기 때문에 대사를 하는 것이다. 내가 대사를 할 때 분명 내 대사에 대한 상대의 반응이 있기 전에 내가 먼저 궁금해야 정상이다. 그런 뒤에야 내 연기 뒤에 상대의 대사가 있고, 상대의 대사에 대한 나의 반응이 있을 것이다.

대부분의 배우들이 '몸 풀기' 따로 '연기' 따로, 그렇게 하고 있다. 이완이 '순간에서 순간으로' 흐름을 만드는 연기를 위해서 필요하다는 것, 반드시 자기 자신에게 적합하게 준비된 상태가 되어야 하는 그 대전제를 모르기 때문이다. 이제 알았으니 배우 스스로 몸 풀기의 목적을 가져볼 마음이 커질 것이다. 목적 달성을 위해서 필요한 것은 호기심이다. 앞에서 말한 대로 몸에 대한 호기심을 잃지 않는 것이 중요하다. 재능 있는 배우라면, '사이의 기술'을 제대로 이해하기만 해도 결코 이완 훈련을 소홀하게 생각하지 않을 것이다.

오순택 선생님이 그 점을 얼마나 아쉬워하셨는지 생생하게 기억한다. 선생님은 워크숍에서 항상 빼놓지 않고, 반드시 단 30분이라도 몸 풀기 시간을 넣으셨다. 물론 '순간에서 순간으로' 흐름으로 만드는 연기를 위해서 반드시 필요한 작업이기 때문이다. 그런데 아이러니하다. 오순택 선생님 제자들의 글을 읽어보면 순간에서 순간으로를 흐름으로 만드는 연기에 대해 어떤 '선망'이 있는 것 같다. 제자들 글에는 선생님이 어떤 순간에 시범으로 보여주시는 순간에서 순간으로 흐르는, 그들이 '마법' 같은 순간이라고 이구동성으로 말하는 순간들이 많다. 그러면서도 몸 풀기의 중요성은 인식하지 못하고 있다. 그것이 어떻게 가능한 것인지, 그들 스스로 실연 가능한지, 아니 자신들이 무엇을 배웠는지조차 모르고 있었다. 선생님은 결코 순간에서 순간으로 흐르는 연기가 선망이 아니고 실제로 가능하다는 것을 보여주신 것이고, 들려주시고, 알려주신 것인데 그것을 모르고 다른 데서 답을 찾고 있었다. 그 마법 같은 순간을 이루기 위한 대전제가 바로 배우들이 너무나 쉽게 간과해 버리는 기본, 바로 몸 풀기다. 마법 같은 순간, 그 순간을 가능하게 하는 것이 바로 '기본'이었다. 선생님이 반드시 몸 풀기 시간을 넣으셨던 이유이고 목적이다. 배우들 스스로 자신만의 몸 풀기 훈련 방법을 반드시 구축해야 한다.

2. 호흡 훈련

'몸 숨 훈련'은 적어도 배우라면 기본적으로 평생을 지속해서 해야 하는 훈련이다. 우리의 작업에서는 특히 중요하다. 특별한 의미가 있다. 우리의 작업에서는 작가가 「갈매기」를 통해서 드러내고 싶었던 의도를 최대한 살려내기 위해서 배우들에게 '호흡'과 '시선'과 '이완'의 문제를 특히 어떻게 적용했는가에 초점을 맞출 것이다. 먼저 안톤 체홉이 드러내고 싶었던 바를 다시 확인하자.

"코미디, 세 명의 여자 배역, 여섯 명의 남자 배역, 4막, 풍경(호수를 배경으로 함), 문학에 대한 많은 대화, **움직임이 적음,** 다섯 푼짜리 사랑 이야기이다."

그렇다. 바로 굵은 글씨로 강조한 부분, '움직임이 적음'이라는 요구 때문이다. 작가가 요구한대로 움직임이 적음에 부합되도록 하려면, 호흡으로 움직이기, 다시 말해서 호흡으로 연기를 할 수 있어야 한다고 생각했다. 그래서 처음 시작하면서 기본 '몸 숨 훈련' 방법을 알려주었다. 이번 작업에서 그것이 얼마만큼 유익한지 경험하게 될 것이다.

연출가의 질문: 배우의 시선과 시선으로 공간을 장악하는 능력을 쓸 줄 아는가?
대답 혹은 해결: 시선으로 공간을 여는 것, 관객을 공간으로 들여놓는 기

술이다. 연기(Play)를 위한 장치인 관객심리행동법, 즉, 관객의 시선으로 연기를 탐구하면서 내가 터득한 특별한 기술이다. 그리고『시학』을 연기술로 풀면서 '발견'의 기술로서 확인받고, 이미『시학&배우에 관한 역설』에 밝힌 기술이다. 우리 '눈'의 원리를 이용해서 발달한, 결국은 '카메라 눈이 본 것을 시청자가 보는 것과 같은' 카메라 기술까지 결합하고 드니 디드로의 '역설'의 관점으로 적용해서 관객들이 배우의 시선과 하나가 될 수 있도록 하는 것이다.

> "무대 공간에 들어서는 순간 배우가 공간을 발견하지 못한다면, 시선으로 공간을 열어주지 못한다면 무대 공간은 관객에게도 열리지 않는다. 무대에서 새로운 공간이 열리는 것은 공간을 여는 배우의 시선에 의해서다. 오직 발견에 의해서다."
>
> 오순한,『시학&배우에 관한 역설』

이 기술은 특히 연극 시작에 중요하다. 또 막 전환이 있는 경우, 각 막의 시작에서 연극의 막을 여는 것과 같은 일이다. 즉, 시선으로 공간을 여는 것이다. 대단히 노련한 배우조차도 배우 자신의 시선으로 공간을 열고 공간을 장악하는 법을 모른다. '연기의 역설'과 '이견지견'을 터득하면 자연스럽게 그 다음 단계로 깨달아지는 것이 바로 공간을 장악하는 시선을 터득하는 기술이다. 아직 배우들에게는 낯선 기술인 모양이다. 관객을 내 연기 공간으로 끌어들이는 기술인데, 사실 한국 배우들은 그러한 기술을 배운 적이 없다. 그러나 알아두라. 공간을 장악하는 시선을 터득한 배우의 연기와 그렇지 않은 배우의 연기는 관객과의 공감을 형성하는데 있어서 하늘과 땅 차이만큼이나 크다. 교감의 대부분이 '시선'에 의해 좌우되기 때문이다.

공연을 3주 남겨놓고 놀라운 일이 일어났다. 언제나 막 시작을 여는 마샤 배역의 배우가 시선으로 공간을 열어주는 것, 즉 몸을 열어주는 것을 해내기 시작했다. 물론 내가 마샤 배역을 '남다르게 생각하고 있어서' 준비(작품 이해) 단계에서 마샤 배역을 이해시키기 위한 내 나름의 탐구를 특별히 많이 했다.

배우의 '첫 등장'이 중요한 것처럼, 막의 시작을 여는 배우의 연기는 연극 전체에서 중요하다. 특히, 나는 연극 시작과 막의 시작을 정말 중요하게 생각하기 때문에 마샤 배역의 배우에게 집요하게 시선으로 공간 열기 훈련을 집중적으로 시켰다. 그리고 연극이 올라가기 전까지 그렇게 할 것이었다. 그런데 만일 배우가 받아들여주지 않았다면 아무런 소용이 없었을 것이다. 다음 공연 때나 다시 써먹을 '정보'에 불과했을 것이다. 마샤 배역의 배우는 공연 3주 전, 이미 해내기 시작한 것이다. 그러더니 공연 2주 전에는 '동선'이 필요 없이 상대 배역이 완전히 반대쪽에 가 있었는데도 전혀 흐트러짐이 없이 그 상황에 맞게 자기 연기를 해내게 된 것이다. 이번 작업에서 가장 먼저 물꼬를 터주는 배우였다. 그러나 공연 한 주를 남기고 서서히 그 상태로 굳어지기 시작했고, 결국 거기서 끝나고 말았다. 그래도 그 정도라도 나는 감사하다. 몇몇 배우들이 그 중요성을 알아채기 시작했고 공연 때도 지속적으로 터득하려고 애썼기 때문이다. 그만큼의 성과라도 있었기 때문이다.

공연 2주 전에는 뽈리나 배역의 배우가 무대에서 자유로워지기 시작했다. 너무나 간절했기 때문일까? 뽈리나 배역 역시 마샤 배역과 함께 처음부터 다른 연출가들이 연출한 「갈매기」하고는 차별화된 나만의 '단독성'을 위한 작업의 핵심으로 잡은 배역이다. 특히 뽈리나는 작가 체홉이 말한 세 명의 여배우 속에 속하지 않았던 배역이지만, 나는 뽈리나 역시 주인공이라고 생각했고, 그녀의 사랑 역시 극의 중심에 놓으려고 했다. 실제로 연극을 관극한 많은 배우와 관객들이 공연 후, 이구동성으로 뽈리나 배역에 대한 관심을 표현하는 것을 보면서 배역을 살려내는 것은 배우라는 것을 새삼 깨닫게 되었다. 영화나 드라마에서 새로운 배우가 출현하는 원리도 같지 않은가. 관객은 안다. 관객은 연극의 본질이다. 그로토프스키는 연극에서 필요하지 않은 모든 것을 빼고, 필요한 것만 남길 때, 다시 말해서 마지막으로 더는 뺄 수가 없을 때까지 제거하면 오직 '배우와 관객'이 남는다고 했다.

사실, '1초의 연기'를 하는 방법의 가능성에 대해 확고한 믿음을 갖게 된 계기는 오순택 선생님의 '신체시정적 접근' 방법을 깊이 탐구하면서부터이다.

"배우의 움직임이 작지만 효과적이고 정확하다면 이보다 좋은 움직임이 어디 있겠는가?"

오순택, 「칼을 쥔 노배우」

신체시정적 접근법은 '신체시정적 순간'을 발견하는 것이 핵심 포인트다. 신체시정적 순간을 발견하는 데 도움이 되는 작업의 우선순위는 이미 얘기한 바대로 '예술과 시와 음악'이다. 앞장에서 예로 들었듯이 '그림 보는 법', '시 듣는 법'을 알고 공감하는 능력을 키우면, 이 모든 능력들은 대본 보는 능력으로 이어지므로 신체시정적 순간을 발견하는 것은 연기의 뷰포인트를 드러내는 데도 어마무지하게 유익하다. 단 신체시정적 순간 움직임을 적게 하면서 시선과 함께 연기의 뷰포인트를 드러내야 하는 결정적인 순간 호흡을 활용하지 못하면 참으로 유감스러운 상태가 된다.

우리의 문제는 이렇게 구체적인 연습 방법들을 알려줘도 배우들이 받아들이는 것이 쉽지 않다는 것에 있다. 배우들은 '지금, 여기'에서 할 수 있는 것들을 하지 않고 너무 멀리에 있는 것을 본다. 그래서 걸핏하면 길을 잃는다. 결국 '호흡'과 시선이 일치되는 '1초의 연기'를 해내는 배우는 단 한 사람도 없었다. 이 순간, 듣는 순간, 섬광처럼 뇌에 빡! 박혀버리는 기막힌 조언이 있다.

"어제와 똑같이 살면서 다른 내일을 기대하는 것은 정신병 초기 증세이다."

알버트 아인슈타인

3. 즉흥 연습

연습이 완벽함을 만든다. 연습은 완벽함을 위한 불가피한 과정이다. 그리고 연습 과정에서 즉흥의 실행은 아주 중요하다. 그런데 반복 연습과 즉흥은 왠지 상반되는 개념일 것 같은 생각이 들지 않는가? 그리고 내가 특히 연습 과정 끝에 와서야 즉흥을 실행한 것인지, 그리고 왜 이장 끝 순서로 즉흥을 배치한 것인지 이야기해야겠다.

먼저 결론부터 얘기하면 완벽함을 만들기 위한 연습 과정에는 언제나 습관화라는 함정에 빠질 위험이 있기 때문이다. 연습은 '반복'을 의미한다. 연습이 기계적인 반복이라는 습관화의 함정에 빠지는 것을 막아주는 것이 바로 '즉흥'이다. 즉흥은 그 기계적인 반복의 틀을 파괴시킨다. 그런데 거꾸로 즉흥은 그 '신선함'을 유지할 때만 그 실행 가치를 획득한다는 즉흥의 특성(spontaneity) 때문에, 그러니까 그 즉흥성 때문에 다시 반복 연습과의 관계에서 이율배반의 딜레마가 발생한다.

즉흥의 본질을 가장 쉽게 설명해주는 예는 '갓 잡은 물고기'다. 물고기가 가장 신선할 때는 '갓 잡아 올렸을 때'다. 물고기가 살아있는 순간이다. 그러나 물을 떠난 물고기가 팔딱팔딱 뛰면서 살아있는 순간은 길지 않다. 즉흥의 순간이 꼭 그렇다. 잠재의식의 세계를 떠난 직후, 즉흥성이 가장 신선하다. 잠재의식 속에서만 자유롭던 즉흥성은 순간의 팔딱임으로 존재하고 곧 신선함을 잃는다. 즉흥이 일회성으로 끝나버리는 대부분의 경우는 그래서다.

기본적으로는, 즉흥은 무의식에 잠재되어 있는 배우의 창의성을 자극해서 배우가 인물에게 성격부여를 하는 작업에 있어서 도움이 되는 대단히 창조적인 작업이다. 그러나 무의식으로 가는 길에 배우의 의식을 거쳐야만 하는 어려움이 있다. 즉흥을 위해 필요한 작업은 특히 주도적인 상상력이다. 우리는 다시 연습의 문제로 되돌아가서 '기억'의 뇌신경과학에 근거해서 기억의 특성에 대해 생각해봐야 한다.

"행동학적 실험들은 단기기억이 자연적으로 장기기억으로 전환되며, 그 기억의 전환은 반복에 의해 일어난다는 것을 보여 준다. 역시나 완벽해지려면 연습을 해야 한다."

에릭 캔델, 『기억을 찾아서』

반복 연습은 분명 완벽해지기 위해 필요한 불가피한 과정이다. 그리고 즉흥은 그 과정에서 연습이 '기계적인 습관화'라는 함정에 빠지는 것을 막아주는 특단의 자극제다. 연습 과정 끝에 와서야 즉흥의 실행이 필요했던 이유다.

「갈매기」 작업에서도 즉흥이 꼭 필요했던 장면들이 있었다. 일례로 1막에서 꼬스챠가 아르까지나와 뜨리고린에게 보이려고 니나를 주인공으로 자신의 희곡을 연출해서 올리는 '연극' 장면은 특히 배우들의 창조력을 끄집어내는 즉흥이 필요하다. 그 시대 주류를 이루던 연극 형식도 아니고, 스타니슬랍스키가 추구한 연극도 아니다. 물론 사실주의 연극도 아니다. 실험적인 연극이다. 어떤 연극이어야 하는가? 꼬스챠의 입장을 제대로 알아야만 창의적인 아이디어가 가능하고 또 꼬스챠 배역의 주도적 상상력이 요구

되는 장면이다. 꼬스챠 배역의 배우와 니나 배역의 배우의 주도적 상상력이 절실했고, 그래서 연출가로서도 또 가장 어려웠던 장면이었다.

처음에 두 배우는 호기롭게 자신들이 궁리하면서 만들어보려고 했지만 두 배우의 상상력이 받쳐주지 못했고, 마임을 하는 지인을 통해서 해결해보려고 했지만, 그 역시 주도적 상상력이 없으니 마찬가지였다. 결국 배우들 스스로 그 장면을 창조적으로 만드는 데는 실패하고 말았다. 주도적인 상상력의 결여되어 있어서다. 결국은 연출가의 아이디어로 가면을 만들어 꼬스챠 배역의 배우에게 연출할 수 있게 했다. 배우들이 상상력의 부재를 극복하고 꼬스챠의 연극 장면을 전체 극 속에 조화롭게 연결시켜낼 수 있었던 것은, 두 개의 가면을 기가 막히게 만들어준 제작 피디 안형진 덕분이다. 개인적인 고마움을 전하고 싶다.

경험해본 바로는 유감스럽게도 많은 배우들이 이미 '습관화'의 함정에 빠져 있어서 즉흥 훈련은 대단히 빈번하게 창의성의 물꼬를 트기도 전에 배우의 자의식을 먼저 건드린다. 그 난관을 극복하지 못하는 배우에게 계속해서 즉흥을 요구하는 것은 대단히 무의미하다. 멈춰야 한다. 자의식을 버릴 수 있을 때만이, 즉 배우의 자유의지에 의해서만 잠재의식에 틈을 낼 수 있고, 즉흥성이 자발적으로 튀어나올 수 있다. 배우들이 스스로 깨어있어야 가능하다. 배우 자신과 배역을 떼어놓고 생각할 수 있는 객관적인 태도를 가질 수 있을 때, '이견지견'의 태도를 장착한 배우들과 함께 할 때, 그럴 경우에만 자유롭게 실행해볼 수 있다.

그러니까 대단히 유감스럽지만, 연출가의 입장으로도 즉흥을 실행해보는 모험을 쉽게 하지 못한다. 아마도 많은 연출가들이 그런 이유 때문에 즉흥을 중심으로 연습에 접근할 엄두를 내지 못하고 단지 자신의 연출 의도만을 배우들에게 강요하는 것이다. 즉흥은 재능 있는 배우들이 그 재능을 빠르게 성장시켜낼 수 있는 지름길이기는 하지만, 시대는 물론 국가나 인종을 막론하고 배우 재능(연기 재능)의 문제는 늘 논쟁거리이기 때문에 대단히 조심스러운 부분이라서 연출가는 즉흥을 연습에 적용할 때 배우들과의 합의를 거쳐서 실행하는 것이 좋다. 그러나 만일 자신의 재능이 성장하기를 바란다면, 즉흥에 대한 자유로운 태도를 갖는 것이 배우에게 꼭 필요한 일이다. 즉흥을 기꺼이 받아들인다면, 배우의 잠재적 재능은 대단히 폭발적으로 발전해갈 수 있다. 그것은 바로 예술가적인 태도와 같다.

즉흥을 하려고 할 때 중요하게 고려해야 하는 점은 '배우의 준비된 상태'다. 충분히 준비되지 않은 배우들, 즉 성숙하지 못한 배우와 즉흥을 시도하는 것은 연출가에게도, 배우에게도 위험하다. 신체의 자유로움을 토대로 하지 않으면 거의 실패한다. 거듭 말하는데 '신체의 자유로움'은 앞장에서 '신체화'와 관련해서 예로 들었던 미하일 체홉의 말 그대로 '잘 발달된 신체나 근육이 과도하게 발달된 신체'가 아니다. 「갈매기」 작업에서 '척추'를 중심으로 신체를 변형시키는 즉흥 훈련이 실패한 이유도 '신체의 자유로움'이 준비되지 않아서였다.

나는 오늘(2017년 5월 4일) 우리의 즉흥 작업으로, '척추'를 중심으로 해서 신체를 변형시키는 것을 실행해보았다. 자기 몸의 원리를 파악해내지 못하면 크게 도움이 되지 않는 즉흥이라서, 역시나 별 유익함이 없었다. 하지만 배우는 '척추'에 대한 관심을 놓으면 안 되기 때문에 그 중요성 때문에, 그래도 특별히 강조하고 싶은 것이다.

오순택 선생님 역시 제자들에게 '척추'의 중요성을 강조하셨다. 그 이유를 깊이 고민해봐야 한다. '신체를 변형시키는 것', 즉 변신은 배우들이 의식, 무의식으로 열망하는 목적이다. 변신의 중심이 척추다. 척추로 반응한다는 것의 의미를 알지 못하는 배우, 즉 준비되지 않은 상태의 배우에게 즉흥을 시도하는 일은 매우 조심스러운 일이다. 배우들 각자가 척추에 대한 충분한 인식이 먼저 있은 다음에 하는 것이 좋다.

6장

장

연기의 뷰포인트

연기(Play) 기술 장착, 여섯 — 이견지견

이견지견(離見之見), 말 그대로 풀면 떼어놓고 보는 것이 보는 것이다. 제아미의 연기 접근 장치로서, 오순택 선생님이 강조하는 연기 미학이다. Play is Play. Play를 위한, 데클란 도넬란의 『배우와 목표점』 전체에 장착된 연기 기술로서 디드로의 연기 미학인 '배우의 역설'의 연기 원칙과 맥락이 같다. 쉽게 말하면 '배우 자신과 배역 사이의 거리와 타자성을 인정하는 것'이다.

배우는 배우 자신이 갖고 있는 전체가 도구다. 정말 많이 하는 말이고, 그러니 너무나 당연하게 받아들이는 말일 것이다. 그 말에 어떤 배우도 이의 제기를 하지 않는다. 그런데 간과하는 사실이 있다. 도구라고 하면서 자신의 신체, 목소리, 정서 경험 등등 그 모두를 도구로서 떼어놓고 바라보지 않는다는 것이다.

배우의 몸 또한 연기(Play)의 도구다. 목소리도 역시 도구다. 감각도 역시 도구다. 배우 자신과 배우 자신의 몸도 떼어놓고 봐야 순간에서 순간으로 전환하는 조절이 가능해진다. 배우 자신과 도구로서의 배우를 떼어놓고 보는 것, 그것이 바로 Play의 기본이다. 떼어놓고 보는 것이 보는 것이다. 배역과 배우를 떼어놓고 객관적으로 상상할 수 있어야 Play가 가능해진다. 배역의 삶을 상상해보라. '배우 자신과 배우 자신의 신체를 떼어놓고 보는 것이 가능한 배우', 나의 마지막 스승 오순택 선생님이 배우로서 도달하신 지점이다.

연출가의 질문: 이견지견이 필요한 이유는 무엇인가?

대답 혹은 해결: 연기는 놀이이기 때문이다. 그것이 아니라고 해도, 이견지견은 어떤 방향, 어떤 스타일로 접근하든지 간에 연기(Play)를 시작하기 위한 출발이며, '기본'이다. 자기 감정으로 연기하는 거의 모든 배우에게서 들을 수 있는 말, '배역에 푹 빠져서 살았다.'는 말, '배역으로 사는 것'에 대해 깊이 고민해봐야 할 지점이다. 얼핏 맞는 것 같지만 틀린 말이다. 배우는 연기를 위해 배역의 '삶'을 경험해보려고 해야 한다. 인간의 삶이 어떻게 이루어지는가? 돈 혹은 사랑처럼 사물이나 사건, 혹은 타인과 부딪히면서 이루어진다. 그것이 인생이다. 그럼 너무나 자명해진다. 배우는 자신의 배역이 부딪히는 사물이나 사건, 혹은 타인과 부딪히는 그 삶, 배역의 삶을 경험해야한다. 이것이 작품 탐구, 혹은 소위 작품 분석이라는 작업을 해야 하는 이유라고 할 수 있다.

'사이'라는 것, 나를 버리고 '사이'가 되는 것. 너 또한 '사이'가 된다면 나를 만나리라.

이성복, 「네 고통은 나뭇잎 하나 푸르게 하지 못한다」

시인이 말하는바 그대로가 배우에게 필요한 이견지견이다. 나는 시인의 글을 배우에게 맞게 이렇게 고쳐보고자 한다.

배역과 '사이'를 두고 '사이'가 된다면 배역을 만나게 되리라. 또 연출가와의 '사이'를 두고 '사이'가 된다면 연출가를 통해서 관객을 만나게 되리라.

앞에서 우리가 거친 준비라고 하는 작품과 인물 탐구의 과정은 바로 그런 맥락 때문에 반드시 거쳐야 한다. 배역의 삶을 이해해야 배역의 행동이 찾아진다. 그들의 삶에 주어진 상황이 그들의 행동을 결정하기 때문이다. 모든 '주어진 상황'에서, 어떤 상황에서든 배우가 해야 할 질문은 하나다. 그(그녀)는 어떻게 행동할까? 이때 중요한 것이 바로 행동의 '계기'이다.

연출의 질문: 꼬스챠가 자살을 하는 계기가 되는 대사는 뭘까?

대답 혹은 해결: 꼬스챠 역의 배우는 꼬스챠가 부딪친 삶, '엄마에게서 방치된 외롭고 고독한 삶, 목숨을 건 니나를 향한 사랑, 작가로서의 정체성을 고민하는 삶'을 경험해보려고 해야 하는 것이다. 그 마음을 '감정수입'해야 연기로 드러낼 수가 있다. 그의 삶을 고스란히 드러내는 대사가 4막에 있다. 4막에서 니나를 만났을 때다.

> **꼬스챠** 난 완전히 혼자고, 아무도 날 사랑하지 않아. 텅 빈 동굴에 살고 있는 것처럼 추워. 뭘 써도 다 죽은 말들이야. 여기 있어줘, 니나, 제발! 아니면 나도 같이 가게 해줘.

꼬스챠의 삶 전체를 조망해볼 수 있는 대사다. 그의 삶이 그랬다. 그리고 그가 자살하는 계기가 되는 대사이기도 하다. 누구나 갑자기, 느닷없이 자살하지는 않는다. 꼬스챠는 니나에게 "제발 나를 구해줘!"라고 매달리고 있다. 그러나 니나는 1막에서 연극을 할 때도 그랬던 것처럼, 지금 꼬스챠가 하는 말도 이해하지 못하고 있다. 그의 작품 세계의 난해성이 어디서 비롯되었는지, 그를 제대로 이해하지 못해서 뜨리고린을 따라서 떠났던 것처럼 지금도 역시 마찬가지다. 꼬스챠에게 주어진 이러한 상황에서 꼬스챠 역의 배우는 꼬스챠라는 인물이 할 수 있는 행동(자살)의 정당성을 찾게 되는 것이다.

1. 연기의 뷰포인트 찾기

‘연기의 뷰포인트’는 한 문장으로 말하면, 배우가 연기로 관객의 감수성을 건드리는 지점이다. 연기의 뷰포인트를 찾는 기술들(상황에 따라서 ‘사이의 연기’ 혹은 ‘1초의 연기’라고 말하기도 한다)은 내가 오랫동안 탐구하고 실험에 실험을 거듭해서 최근에서야 완결지은, 천재를 대신할 수 있는 연기 비기라고 해도 과장이 아닐 만큼 고급 연기술이다. 연기의 뷰포인트를 발견하는 것의 중요성을 깨닫는 데 있어서 마지막 마침표를 찍는 데 결정적인 화룡점정은 오순택 선생님의 미완의 연기 방법인 신체시정적 접근법에서 찾아낸 순간에서 순간으로 연결해내는 신체시정적 순간을 찾는 것이다.

연출가의 질문: ‘1초의 연기’는 어떻게 찾는가?
대답 혹은 해결: ‘1초의 연기’를 위해 가장 핵심은 ‘멈춤’과 ‘침묵’이다. 멈춤과 침묵을 ‘시선, 호흡, 표정’ 중 어떤 선택으로 해결할 것인가의 문제이기 때문이다. 삶이 순간에서 순간으로 흐르는 흐름인 것처럼, 연기도 역시 순간에서 순간으로 흐르는 흐름이 되어야 한다. 흐름이 되도록 하는 연결 고리, ‘순간에서 순간으로’ 넘어가는 그 흐름 어디엔가 관객의 감수성에 특별한 힘으로 작용하는 순간(/사이/)을 찾아내서 ‘1초의 연기’로 표현하는 것이다.
내 식으로 풀어보자면, ‘moment to moment, 순간에서 순간으로’ 넘어가는 ‘1초’의 ‘to’의 ‘순간’이며, 그 순간이 배우의 연기에 의해서 관객에게 드러나게 하는, 관객이 보고 느끼도록 연결해주는 연기 기술이다. ‘1초

의 연기'를 위한 연기의 뷰포인트 기술은 관객에게 깊은 인상을 주는 연기 지점을 포착해내는 것을 말하고, '1초의 연기'는 그것을 '1초'의 '순간'으로, 연기를 흐름으로 이어주는 'to'의 문제를 해결하기 위한 기술이다. 마크 챈기지는 인간의 시각이 진화시킨 0.1초의 '미래 보기' 초능력이라고 한다. 연극에서는 관객하고 거리 때문에 1초가 필요하다.

스타니슬랍스키의 메소드에서 비롯되어 오순택 선생님의 '신체시정적 접근 방법'으로 발전된 연기는 '순간에서 순간으로' 이어져야 한다(연기의 관통선이라고 할 수 있다)는 것에서 진화시킨 연기를 위한 장치다. 오순택 선생님이 보여주신 'moment to moment'의 연기에서 내가 다시 더 구체적으로 정교하고 디테일한 연기 기술로 발전시킨 것이다.

■ '1초의 연기'를 찾는 법, 하나 ― 그 사람(배역)의 행동(반응)을 상상해내기

자기 배역과 상대 배역의 대사 전, 후 반응(행동, 시선, 호흡)을 만들어보라. Play is Reacting. 모든 연기는 반응이다. Play의 관점으로 보면 연기는 등장인물의 행동을 모방하는 것이다. 등장인물의 행동을 모방하는 것이 배우의 작업이다. 인간의 행동을 통해 성격을 알 수 있다. 그래서 행동 창조가 곧 성격창조로 이어지는 것이다. 인물로서 행동하면 캐릭터가 드러난다. 인간과 인간의 삶의 본질을 드러내는 것, 그것이 배우의 연기 목적이 되어야 한다.

배우가 인간의 행동을 상상해내는 능력은 경험에서 온다. 자신이 경험해 봤다면 정말 최상이다. 자기 경험에서 자신이 그런 상황에서 처했을 때 어떻게 행동하는지를 찾으면 되니까. 그러나 그 사람(배역)에게 주어진 상황에 처해보지 못했을 경우가 더 많다. 그렇다면 그때는 관찰이라는 경험을 통해 행동하는 법을 익혀야 한다. 그 사람과 같은 상황에서 다른 사람들은 어떻게 행동하는지, 그 '어떻게'의 문제를 해결해야 하는 것이다. 사람들의 행동을 관찰해라. 눈을 자신이 아닌 바깥으로 돌려라. 나에게 들어오는 세상에 대해 오감을 열어두라. 깨어있어라. 오순택 선생님의 가르침을 기억하자. Acting is Doing. Doing is Reacting. 나는 좀 더 구체적으로, 연기 역설의 관점으로 'Reacting is Acting'이라고 말하고자 한다. '대사 전 연기', 즉 상대 대사에 대한 반응을 상상해내라. 예를 들어 꼬스챠의 희곡을 니나가 연기할 때 아르까지나가 야유하는 대사를 보자.

아르까지나 /사이/ (작은 소리로) 저건 뭔가 상징적인 건가?

아르까지나는 대사 전 /사이/에서의 '1초의 연기', 그 전에 꼬스챠의 대사에서 찾아낼 수 있는 반응으로, '아들과의 미묘한 심리적 갈등'을 담아서 표현해내야 한다.

■ '1초의 연기'를 찾는 법, 둘 − '가상의 대사'를 만들어보기
이 작업을 가장 선호하는 연출가는 영국의 연출가 데클란 도넬란이다. 한국에는 『배우와 목표점』의 저자로 알려져 있다. 그는 스타니슬랍스키 시스템을 드니 디드로의 『배우의 역설』의 관점으로 새롭게 진화시킨 연출가다. 다시 말해서 스타니슬랍스키의 시스템을 드니 디드로의 관점으로 바꾸어서 새로운 연기술로 진화시켰다는 얘기다. 흔히들 말하는 서브텍스트(subtext)와 가상의 대사는 전혀 다르다. 서브텍스트는 대사 속의 다른 의미를 말하지만, '가상의 대사'는 대사 전 혹은 대사 후 반응 연기를 찾아내기 위한 것으로(속으로든, 겉으로든) /사이/ 연기를 위해 만드는 대사다. 예를 들어 1막 첫 장면의 마샤가 할 법한 '가상의 대사'를 만들어보라.

메드베젠꼬 당신은 왜 항상 검은 색 옷만 입고 다니세요?
마샤 내 인생의 상복으로 입은 거예요. 난 불행하거든요. **(꼬스챠가 내가 아닌 니나를 사랑하기 때문에요.)**

괄호 속의 대사가 내가 만들어낸 마샤의 '가상의 대사'다. 상대 대사에 대한 반응으로서의 '1초의 연기'를 찾는데 도움이 될 것이다.

앞에서 예로 들었던, 뽈리나의 꽃을 뜯는 행동 전 했을 법한 '1초의 시선 연기'를 위해서 '가상의 대사'를 만들면 다음과 같을 것이다.

(니가 우리 꼬스챠를 꼬신 년이지!!)

대단히 즉각적으로 자극이 되는 대사다. 그녀의 성격 표현은 물론 감정과 행동이 다 표현될 수 있지 않겠는가. 실제로 위의 가상의 대사를 뽈리나 배역의 배우에게 요구했을 때, 그 배우의 표정이 완전히 생생해졌었다. 이 정로로도 배우의 연기는 생생하게 살아난다. 그러나 연기의 뷰포인트를 만들어내는 정도까지 끌어올리기 위해서 나는 오순택 선생님이 미완으로 남겨두신 '신체시정적 접근법'을 내 나름대로 이해해서 진화시킨 '신체시정적 순간' 찾아내는 기술을 실행으로 옮겨 봤다. 판단과 선택은 배우의 몫이다.

2. 신체시정적 순간

이 방법은 오순택 선생님의 연기 미학의 핵심으로서 미완성으로 제자들에게 과제로 남아있는 것을 내 나름으로 연기술로서 진화시키고 있는 중이다. 선생님의 연기 비밀을 풀 열쇠이기도 하다. 기본적으로는 일상에서 '시적인 순간'을 포착해서 연기에 도입하는 것이다. 그러나 그것이 쉽지가 않다. 천부적인 연기 재능, 몸 상상력과 공감 능력이 필요하다.

연출가의 질문: 신체시정적 순간을 해결할 방법이 있는가?

대답 혹은 해결: 나의 해결 방법은 예술에서 빌려 쓰는 것이다. 예술, 재능이 없다면 차선으로 시(詩)와 그림에서 신체시정적 순간(움직임에 있어서 시적인 순간)을 찾아내야 된다. 뛰어난 시와 예술 작품은, 그만큼 강하게 인간의 감수성을 건드리기 때문에 길이길이 고전으로 존재해가는 것이다. 배우가 연기하는 순간이 시적인 순간이 되게 하는 것, 그것이 연기술로서의 신체시정적 순간이고, 내가 시와 예술 작품에서 찾아내고 진화시킨 연기의 뷰포인트를 만들어내는 신체시정적 순간이다.

나는 주인공의 심리 상태를 잘 드러내주는 '시, 그림, 조각'을 찾아서 '감정수입'하는 기술로 신체시정적 순간을 찾는다. 물론 배우에게 재능까지는 아니더라도 기본적인 몸 상상력과 공감 능력이 있어야 가능한 작업들이다. 그림이나 시에 공감하지 못하면 그림이나 시를 연기로, 더 구체적으로는 신체시정적 순간을 찾기 위한 재료로 쓸 수 없다. '아, 좋다'는 감상자로서 끝나는 것이다. 배우는 감상자로 끝나서는 안 된다. 좋으면 좋은 이유를 찾아서 표현해내야 하는 것이다. 그래서 배우는 구체적인 감정을 관객이 볼 수 있도록 만들어내기 위해서 그림을 보는 법, 시를 느끼는 법을 훈련해야 한다. 물론 그 전에 배역에 성격 부여를 하는 작업이 끝나 있는 것이 좋다.

■ 시(詩)에서
— 「갈매기」 주인공들의 사랑을 이해할 수 있는 시의 예

사랑이라는 중심 주제로 갈매기에서 각각의 그들 주인공들의 사랑을 시적 순간으로 찾는다면 어떤 것일까? 그 질문에 대한 대답으로 신달자 시인의 시를 찾아냈다. 관객의 시선으로 주인공들의 마음에 접근하는 데, 각각의 주인공들이 상대를 사랑하는 순간의 연기 뷰포인트가 되는 '1초의 연기'(시선, 행동, 몸짓)를 상상해보는 데 크게 도움이 됐다. 가장 적절한 시 한 편을 찾았다. 드라마에 OST처럼 나는 이 시를 우리 드라마의 주제가 되는 시로 선택했다. 사랑은 시인들이 시를 쓰는 데 있어 폭발적인 영감이 된다. 배우에게도 마찬가지다. 우리 연극 「갈매기」에서 특히 사랑이라는 주제는 매우 중요하므로. 자기 배역의 사랑에 딱 맞는 시를 찾는 것 역시 사랑 표현의 신체 시정적 접근을 위한 한 방법이 될 수 있다.

— 4막 니나의 사랑을 이해할 수 있는 시의 예는 최욱경의 「애멸된 독백」에서 찾을 수 있다.

— 4막 도른의 사랑을 이해할 수 있는 시의 예는 김남조 시인의 「그대 있음에」이다.

문학과 예술을 좋아하는 도른, 노래 부르는 것을 좋아하는 도른, 노래로

임기응변 상황을 바꾸는 유머스러움이 있다는 데서 찾아낼 수 있는 연기의 뷰포인트가 있다. 도른을 대변하는 시를 찾아내서, 도른이 부르는 노래에 그의 사랑을 '신체시정적 순간'으로 담아낼 수 있었다.

■그림에서

'그림을 통한 즉흥'은 연출 구성에도 크게 유용하고, 또 연기의 뷰포인트를 찾는 데도 매우 유익하다. 자기 배역의 태도를 가졌다고 생각되는 그림을 찾아서 그림 그대로 모방해서 신체의 미학적인 순간을 찾아 연기로 확장시키는 작업이다. 중요한 것은 그림을 완전하게 신체로 모방해야 한다는 점이고, 더 중요한 것은 그림 즉흥은 성격 탐구 뒤에 해야 한다는 것이다.

「갈매기」 작업에서도 많은 그림을 찾아오게 하고 그 그림들로 많은 장면을 해결했는데, 특히 중심 주제가 되는 '일과 사랑' 중에 사랑을 제대로 드러내기 위해서 클림트의 그림들에서 니나-뜨리고린, 아르까지나-뜨리고린이 서로 사랑하는 순간의 신체시정적 순간을 찾아내서 '즉흥' 작업을 했던 과정은 내 기억에 깊게 남아 있다.

■조각에서

'가상의 신체'를 찾는 것도 연기의 뷰포인트를 해결하는 데 유익한 작업인데, 이 작업을 발견하고 구체적으로 진화시킨 거장은 메이어 홀드와 미하일 체홉이다. 우리 배우들의 걸림돌은 항상 상상력 부재 혹은 결핍이다. 그래서 내가 직접적으로 쓰는 방법 중 하나가 조각을 미메시스 해서 가상의 신체를 만드는 것이다.

"한 공간에 자신의 진짜 신체가 공간을 차지하고 있고, 또 다른 신체, 즉 방금 자신이 마음속으로 창조해낸 가상의 신체(Imaginary Body)가 존재한다고 상상해 보자."

미하일 체홉, 『미하일 체홉의 배우에게』

오순택 선생님의 '신체시정적 접근법'과도 연결되는 방법이다. 배우들이 두 거장들의 방법이 관통한다는 사실을 알면, 거장들의 방법을 자신의 연기 방법으로 진화시키는데 대단히 유익할 것이다.

문제는 배우의 척추다. 몸 상상력에 척추에 대한 이해와 척추의 유연성이 더해져야 한다. 신체시정적 순간들을 발견하고 척추를 써서 내 신체를 변형시켜보는 것인데, 배우가 척추를 온전히 파악하고 느껴낼 수 있다면 충분하다. 어렵게 생각하면 한없이 어려워진다. 거장들이 발견한 기술들에는 기본과 본질에 숨겨져 있다. 연기도 분명 예술이다. 숙련된 기술을 넘어서야 비로소 예술이 된다.

"본능에 의존하여 느낌과 흐름에 따라 무의식 상태에서 '자연스럽게' 행함을 배우의 연기라고 착각한다면 인간의 본질과 그의 혼(魂)을 모독하는 야만적 태도라고 하지 않을 수가 없습니다."

오순택, 『칼을 쥔 노배우』

사실, '야만적 태도'를 바꾸지 못하는 배우들이 많다. 무지함에는 답이 없다. 연출의 작업보다도 더 중요한 것이 '배우의 보이지 않는 작업'이다.

배우의 보이지 않는 작업에 의해서 작품의 깊이가 달라진다. 무대 구성도 달라진다. 모든 것이 달라진다. 연출가를 뛰어넘는 배우의 연습만이 관객과 소통되는 연극으로 태어날 수 있는 유일한 길이다. 배우는 자신이 연기할 주인공이 가슴에 안고 있는 사랑과 인생이 관객들에게 어떤 의미들을 주는 지를 깊이 깨우쳐야 한다.

> **아르까지나** 단 한 줄로, 모든 걸 담아내고, 단 한 줄로 살아있는 인간을 만들어 낼 수 있어! 뜨리고린을 읽는다는 건 정말 엄청난 경험이야!

안톤 체홉이 아르까지나의 말을 통해 '읽는 것'의 의미를 부여했다. 배우가 관객에게 주는 것도 그와 똑같은 것이다. 배우 역시 단 한 줄로 모든 걸 담아내고 살아있는 인간을 만들어낼 수가 있다. 안톤 체홉의 주인공을 연기한다는 것은 정말 그런 것이다. 고전이 그렇다. 배우들은 고전을 통해서 그런 경험을 할 수 있다. 스타니슬랍스키 표현으로 '비극의 고원'에 도달해 보는 경험이다. 그리고 관객은 배우를 통해서 그러한 경험을 하게 된다. 그때 관객에게 배우에 대한 존경이 저절로 일어나게 되는 것이다.

7 장

역창조

연기(Play) 기술 장착, 일곱 — **언어심리행동법**

언어심리행동법의 기본원칙은 '언어에 행동이 있고, 심리가 있다는 것이다.' 핵심은 역시 공감이다. 언어심리행동법, 역시 공감을 목표로 하는 Play를 위한 장치다. 언어심리행동법은 몸 심리행동법에서 이어진, '우리말-한글 화술'로 진화하는 과정에서 나온 연기술로서 화술의 기초다.

나의 두 번째 책 이름이 『열린메소드의 길 — 언어심리행동법』이었던 만큼 나로서는 엄청난 발견 이었다. 물론 초기 단계의 연구이기 때문에 오류가 있어서, 박사 논문을 쓰고 들어와서 모두 폐기처분했다. 그 책의 오류에 대해서는 「연기술학회」에서 그 책으로 연구발표하는 연구자가 있어서, 오래전에 공식적으로 밝힌 바 있다. 그러나 나에게는 그 오류도 매우 중요한 과정이었고, 그 과정은 내 책 『문장//쪼개기』의 '씨앗'이었으며, '우리말-한글 화술'로 여전히 진행 중이다. 매우 중요한 단초가 되는 하이데거의 명제를 다시 기억해라.

"언어는 존재의 집이다."

논란의 여지는 많다. 언어가 존재가 거주할 집은 아니라고 말할 수도 있다. 그러나 적어도 인간이 인간과 함께 살아가는 데 있어서 언어는 자기표현을 위한 인간만의 특별한 수단이다. 특히 연극에서는 분명히 그렇다. 언행일치, 배우의 말은 행동과 마음이 일치되어야 한다. 우리의 삶에서도 어떤 사람을 판단할 때, 언행일치가 되느냐가 그 사람의 진정성을 판단하는 척도이지 않은가? 배역의 진정성은 더더욱 대사가 배역의 행동과 마음이 일치된 Play로 획득된다.

배역, 즉 인물을 존재시킨다는 것의 의미에 대해서 제대로 이해하기 위해서 배우가 하이데거의 "존재의 언어가 존재의 의미를 스스로 열어 밝힌다"는 사유를 받아들이는 것은 매우 유익하다. 공부에 진저리치는 배우들에게는 할 수 없었던 얘기다. 공부에 진저리치는데 거기다 철학적 사유까지? 아마도 '마이동풍(馬耳東風)', 그들 귀를 스쳐가는 봄바람의 소리밖에 안 됐을 것이다.

하이데거는 "인간이 말하는 것은 그가 그때그때 언어에 응답하는 한에 있어서다"라고 했는데, 그 말을 배우의 관점으로 바꿔서 이해하면 이렇다. "배우가 말하는 것은 그때그때 인물의 언어에 응답하는 한에 있어서다"라고. 다시 하이데거 식으로 풀어보면, "배우는 스스로 말하는 존재의 언어를 '따라' 말하거나 '반복해' 말하거나 '응답해' 말할 때에만, '은폐된 것이지만 마땅히 전달되어야 할' 존재의 진리가 담긴 언어를 낱말이나 문장 속에 담아 말할 수 있다"는 것이다. 그것이 배우 즉, 인물(존재자)이 존재하도록 할 수 있는 방법이다. 배역, 즉 인물의 언어야말로 존재의 언어이기 때문이다. Play에서 언어의 주도권은 배우가 아닌 그 인물에게 있기 때문이다. 그런 이유로, 배우로서 참된 Play는 '따라-사유하기'이고, 참된 말하기는 '따라 —

말하기'일 뿐이다. 그래서 존재의 언어를 말하기 위해서는 당연히 먼저 들어야 하는 것이므로, 그래서 하이데거가 "말하기는 무엇보다도 먼저 듣기다"라고 선언한 것과 마찬가지로, 나는 배우들에게 객관적인 '듣기'가 먼저라고 강조하는 것이다. 그것이 존재자=배역을 존재시키기 위해서 배우가 '보이지 않는 작업'으로 해야 하는 제일의 우선순위 작업인 것이다.

연출을 할 때 언제나 겪는 경험인데, 가장 어려운 것이 말, 즉 '화술' 문제다. '말', 즉 '대사'가 가장 끝까지 해결되지 않는다. 연습에서도 말이 가장 늦게 완성된다. 그런데 역설적인 것이, 한국의 배우들은 대사를 먼저 해결하려 한다는 것이다. 대사를 먼저 외우려고 애쓴다. 하긴 하이데거의 명제에 따르면, 대사를 정복한다는 것은 결국 존재하게 한다는 의미이므로 당연한 일일 것이다. 그래서 나는 대사를 먼저 외우지 말라고 한다. 그러나 이제 조금 바꾸겠다. 연기에 자신이 없다면 차라리 지금까지 해오던 방식으로 대사를 그냥, 무조건 외우는 것이 좋다고 말하겠다. 공연 20일 전까지도 대본을 들고 연습하면서 내가 그렇게 말한 것으로 핑계를 대는 배우가 있었기 때문이다.

1. 성격 탐구

배역의 성격 탐구는 배우가 자신에게 배역의 성격을 부여하기 위해서, 성격 부여 이전에 배우가 해야 하는 보이지 않는 작업 중에서 가장 길게 공들여야 하는 핵심적인 과정이다. 배우가 연습에 들어가면서 해야 할 아마도 가장 중요한 작업일 것인데, 마지막까지 공들여야 한다. 연출가마다 다르겠지만, 나는 아마도 배역에 성격을 부여하는 것을 맨 마지막으로 작업하기를 바라는 유일한 연출가일 것이다. 아마도 이것이 배우들이 나와의 작업을 힘들어하고 낯설어하는 가장 큰 이유일 것이다. 그러나 매우 중요하고 또 타당하고 분명한 이유가 있다. 성격이 처음부터 결정되었을 경우를 정직하게 숙고해보면 내가 그렇게 할 수밖에 없는 타당성을 수긍할 수밖에 없을 것이다. 아니 시쳇말로 모두가 좋아하는 표현 '성격 창조'라는 그 표현이 옳기 위해서도, 성격은 마지막에 배우의 보이지 않는 작업의 질, 수, 량, 크기에 의한 결과로서 창조되는 것이므로, 성격 부여는 최종적인 선택으로 미루는 것이 가장 이상적인 배우의 작업이라고 믿는다.

배우는 자기 배역에 대해 '그(그녀)는 누구(Who)인가'를 탐구해야 한다. (꼬스챠는 누구인가? 그는 어떤 사람인가?) 등등. 성격 탐구 과정에서 배우가 기억해야 할 가장 중요한 원칙은 성격과 행동과 대사의 일치다. 대사와 행동이 일치되지 않는다면 행동에 중요성을 부여해야 한다. 드라마는 행동을 모방하기 때문에 등장인물은 행동을 통해서만 드러낼 수 있다.

결국 이번 작업에서도 내가 마지막까지 확인받은 사실은 '언어 경험'이 행동으로 이어지고 배우의 성격 부여로 이어지고, 배역의 감정으로 이어진다는 것이었다. 배역의 감정을 받아들이는 것, 즉 '감정수입'은 배역을 깊이 이해하는 것인데, 구체적으로 말하면 그 배역의 성격과 행동을 이해한다는 것이다. 다시 말하면 그것은 결국 대사를 받아들인다는 것이고, 대사를 경험한다는 것이다. 대사를 경험한다는 것은 대사 속에 그 대사를 경험하는 배우인 '나'라는 존재가 있어야 하는 것이다. 그런데 문제는 대사는 배우인 '나'의 말이 아니라는 데 있다. 그래서 배우인 '나'를 대사에 존재시키는 기술을 터득해야 한다.

연출가의 질문: 어떻게 대사에 배우인 '나'를 존재시킬 수 있는가?

대답 혹은 해결:

1. 문장//쪼개기 기술을 터득해라. 장담하는데 언어(대사)로부터 '행동 찾기'의 비기다. 배우가 '내가'라는 말을 할 때, 그 '내가'에 배우가 들어가야 연기의 '리얼리티'와 '진정성'이 획득된다고 했다. 배우인 '나'를 말에 존재시키는 가장 기본적이고 기초적인 문장//쪼개기 작업은 문장//쪼개기로 주체//객체를 나누는 것이다. 비기라고까지 하는데도 배우들이 그 기초를 아주 우습게 여긴다. 덕분에 나는 이번 「갈매기」 작업에서도 끊임없이 배우들에게, 심지어는 공연이 올라간 다음에도 "'내가'에 '내가'가 들어가야 됩니다"를 반복해야 했다. 19세 아이들이 단지 주체//객체를 나누는 작업만으로도 「시련」이라는 대작을 공연해서 관객에게 감동을 일으키는 기적을 일으켰다는 사실을 믿지 않았다. 나이에 관계없이 배우는 끊임없이 깨어 있으려고 해야 한다.

2. 언어심리행동법을 통해서 언어와 행동을 일치시켜내라. 언어심리행동법을 연기 화술로 진화//발전시키고 싶다면 반드시 문장//쪼개기 기술을 익혀야 한다. 우리말 한글은 행동의 스코어이고 또 말 자체로서 하나의 스코어이기 때문이다. 말을 해체해서 몸에, 즉 발성기관 전체로 익숙해지고, 마음으로 익숙해지는 경험을 하고 나서 그 익숙해진 것들을 묶어버리는 법, 다시 말해서 문장//쪼개기와 언어심리행동법의 '통합'이다. 유감스럽게도 그 비기를 터득하기 위해 끝까지 물고 늘어지는 배우가 거의 없었다. 기술 책을 한 번 읽고 안다고 생각하는 그 무지막지한 오만은 도대체 어디서 비롯되는 것일까? 말을 경험한다는 것에 더 집요하게, 말을 공들여서 할 것을 그렇게 강조해도 믿지 않는다. 말, 즉 대사가 모든 것을 담고 있다는 것을 믿지 않는다. 그러면서 그 놈의 유령 같은 믿음에 휘말려서는 무슨 놈의 믿음 타령을 그렇게들 하는지 모르겠다. 대사를 경험하려는 노력은 하지도 않으면서 믿음이 안 생긴다는 말을 하고 있는 것이다. 도대체 연출가더러 어떻게 하라는 것인가? 오순택 선생님의 말대로 한국의 연출가들이 불쌍하지 않을 수가 없다. 샤므라예프의 대사를 갖고 제대로 이해해보자.

샤므라예프 뽈따바에서, 25년 전에요. 그 여배우 정말 멋졌습니다! 끝내줬죠! 연기가 정말 대단했어요! 저, 혹시 희극배우 차진, 빠벨 차진은요? 기억 하십니까? 이제까지 봤던 라스쁠류예프 역할 중에 최고였습니다. 사도 프스끼 보다 나았죠. 부인, 제 목숨을 걸겠습니다. 그 사람 지금은 뭐하고 있나요?

위의 경험은 배우의 경험이 아니다. 샤므라예프의 경험이다. 그러므로 배우가 대사를 외워서 lettering을 하게 되면 그 말 속에 샤므라예프의 경험이 들어갈 수가 없다. 샤므라예프가 경험했던 존재들 역시 대사 속에 존재할 수가 없다. 그래서 '지금, 이 순간' 말을 하는 순간, 말이 존재해야 하는 것이다. 예를 들면, 샤므라예프가 뽈따바라고 하는 순간 뽈따바가 말로서 존재해야, 배우가 경험을 해야 존재하게 되는 것이다. "부인, 제 목숨을 걸겠습니다. 그 사람 지금은 뭐하고 있나요?"라고 할 때, 현재 샤므라예프 눈앞에 있는 '부인'이 샤므라예프가 부르는 순간에 그 말에 존재하게 되는 것이며, '제 목숨'이 샤므라예프가 말하는 순간에 존재해야 하는 것이다. 그래서 문장//쪼개기를 통해서 주체//객체를 나누는 것이 필요한 것이고, 문장//쪼개기 기술은 말을 경험하는 기술인 것이다.

여기서 중요한 것은 그것이 '관객에게 보이고 들려야' 한다는 것이다. 그런 의미에서 데클란 도넬란의 다음의 말을 기억해두면 배우에게 대단히 유익할 것이다.

"그러나 가장 훌륭한 대본조차도 그것이 외부 세계와 연결되지 않는다면, 그것이 목표점에서 분리된 것이라면 해독할 수 없는 글이 된다. 사실 모든 단어는 외부세계에서 연유해야 한다. 아마도 이 사실이 바로 왜 녹음된 자신의 목소리가 종종 우리를 움찔하게 만드는가를 설명해줄 것이다."

데클란 도넬란, 「배우와 목표점」

실제로 관객에게 진심으로 들리지 않는다면 아무 소용이 없다. 그런데 배우가 감정 연기에 빠지면, 관객에게 들려야 한다는 것을 잊는다. 이 또한 '빠지는 연기'의 위험 수위다. '이견지견'을 잊지 말자. 궁극적으로 누구를 위해서 Play 하는가? 관객을 위해서다. 제일원칙 아닌가? 기본이다. 나는 공연이 올라가기 3일 전에도, 전체 연습을 하면서 배우에게 "관객에게 들려야 된다니까요!"를 계속해서 속삭여야 했다.

모든 대사는 행동이다. 본질이다. 본질은 무한 반복되어야 하는 그 무엇이다. 그러므로 다시 구체적으로 반복하면 모든 대사에는 행동 스코어가 있다. 스코어는 악보를 말한다. 그렇다면 더 구체적으로 그렇게 말할 수가 있겠다. 모든 대사에는 행동을 구성하는 악보의 음계들이 있다. 대사가 이미 스코어, 즉 악보다. 악보 없이 연주할 수 없듯이, 대사 없이 연기할 수 없다. 희곡=텍스트(Text)라고 한다면 희곡, 즉 텍스트 보는 법, 즉 악보를 보는 법을 배워야 한다.

문장//쪼개기는 바로 '악보 보는 법'이다. 악보 보는 법을 알려면 악보의 음계를 알아야 한다. 악보=행동 스코어의 음계, 바로 우리말 한글의 자음과 모음이다. 우리말 한글은 자음과 모음으로 까지 쪼개지는 언어다. 우리말 한글의 자음과 모음은 다시 음양과 오행이라는 본질 '천지인'과 '목화토금수'로 쪼개진다. 음악처럼 흐르는 연기를 가능하게 하는 언어, 그것이 우리말 한글이다. 그래서 문장//쪼개기 기술은 화술을 통해서 연기를 예술로서 완성할 수 있는 '비기'가 될 수 있다. 내가 『문장//쪼개기』에서 문장//쪼개기 기술을 비기라고 했던 이유다. 그래서 한글 창제의 원칙들은 모두 우리말 화술의 기본이 된다.

연출가의 질문: 왜 '연습' 과정의 마지막 단계에서 '성격 부여'를 해야 하는가?

대답 혹은 해결: 사람의 성격은 그 사람이 무엇을? 어떻게? 행동하고 또 그 행동을 왜? 하는가에 의해서 드러나고 알게 된다. 그러므로 배우는 배역의 행동 찾기를 우선해야 하는 것이다. 실제로 배역의 '성격'은 작가에 의해서 이미 창조되어 있다. 그러므로 배우 역설로서 접근해야 한다. 나와 다른 배역의 성격을 나에게 부여하는 작업이다. 배역을 깊이 이해하는 과정에서 그 배역의 성격을 알게 되고, 그런 다음에 그 성격을 배우 자신에게 입혀야 하는 것이다. 결국 성격 부여는 배우의 최종적인 목표, '연기의 완성' 단계로 들어가는 마지막 단계다. 가장 마지막에 배역의 성격을 입어야 하는 것이다. 그래서 '성격 창조'니 혹은 '성격 구축'이니 하는 말을 쓰는 것인데, 둘 다 사실은 결과론적인 관점이다. 그러니 배우의 역설로서 결과를 위한 과정, 즉 배우의 보이지 않는 작업을 배우의 관점으로 'process', 즉 과정으로 보아야 함으로 그렇게 보는 것이 올바르다면, '성격 탐구' 다음이 성격 부여 과정이다. 그러니까 성격 부여 이전에 우리가 준비 단계에서 했던 '인물 탐구'를 위한 작업들은 결국 성격 탐구라고 할 수 있다. 배역에게 성격을 부여하기 위해서는 스토리텔링에서부터 성격 탐구가 시작되어야 한다. 성격 탐구를 토대로 '행동'을 찾아야 하는 것이다.

배역의 행동이 찾아지지 않았는데 성격이 드러날 수는 없다. 그리고 대사들이 경험되지 않은 상태에서 행동은 찾아지지 않는다. 언어 경험을 하지 않으면서 올바른 행동, 성격을 드러내는 행동은 더욱 더 해낼 수가 없다. 언어 경험이 없이 단순하게 읽고 얻은 피상적인 특징으로 성격을 규정지어서는 안 된다. 그런 배우는 영원히 오직 '자기' 밖에는 연기하지 못한다. 결과적으로 성격 창조에 도달하는 것은 요원하다. '행동의 올바른 이해'를 위해 꽤 유용한 희곡 분석의 기술로서 데이비드 볼이 제시한 방법이 유용하다.

> "등장인물을 탐구하는 첫 단계는 인물의 욕구(1), 그 인물이 추구하는 길목에 놓여있는 것(즉, 장애물)(2), 욕구를 충족시키기 위해 기꺼이 하려는 일(3)을 알아내는 것이다. (물론, 이 단계는 이름, 나이, 성별, 지위 그리고 주어진 상황을 분명하게 파악한 다음에 오는 것이다…)"

데이비드 볼, 「통쾌한 희곡의 분석」

물론, 이번 「갈매기」 작업에서는 배우들과 함께 실천해보지는 못했다. 데이비드 볼이 말한 그 이유 때문이다. 배역의 '이름, 나이, 성별, 지위 그리고 주어진 상황까지 분명하게 파악한 다음에야 오는 것'인데 거기까지 도달한 배우가 없었다. 그래도 아쉬운 대로 많은 부분 공들여서 주어진 상황까지 찾고, 그 성격이 드러나기 시작한 마샤의 예를 들어보겠다.

마샤에게 주어진 상황은 '꼬스챠를 사랑하지만, 이루어질 수 없는 상황'이다. 그 인물의 욕구는 꼬스챠와의 결혼을 통한 행복이지만, 욕구 충족을 할 수가 없으므로, 즉 지위 관계에 있어서의 장애물과 꼬스챠가 마샤 자신을 사랑해주지 않는 장애물이 있으므로 그 장애물에 부딪쳐서 실제적으로는 욕구가 충족되지 않는다. 장애물에 부딪칠 때마다 차선으로, 마샤는 "이 사랑을 뿌리째 뽑아버릴 거예요"라는 대사를 반복하면서 1막에서는 '검은 옷'을 입는 행동과 3막에서는 회피성 결혼을 하는 것이 마샤가 장애에 부딪쳐서 '기꺼이 하려는 일'이 되는 것이다.

그러니까 성격 창조는 전체 과정에 의한 결과로 나오는 것이다. 예술 작품이 창조된 다음에야 '창조'라는 말이 붙는 것과 같은 이치다. 성격 창조는 배우의 '보이지 않는 작업' 전 과정을 통해서 결과적으로 나오는 것이다. Play(연기)를 위한, 아주 구체적으로는 행동 찾기를 위해서 배우가 가장 기본적으로 해야 하는 보이지 않는 작업의 우선순위 제일이 배역의 성격 탐구인 이유다. 연습의 전체 과정이라고 할 수 있다. 연기 역설의 관점으로 접근한다면, 거꾸로 배역의 성격을 드러내기 위해서 행동 찾기를 해야 하는데 행동이 그 사람의 성격을 드러내기 때문이다. 연기 역설에 따라서 성격 탐구는 곧 행동 찾기가 된다. 배우는 행동으로 배우의 성격을 드러내야 한다. 모든 대사는 행동이다. 대사를 행동으로 바꾸어가는 과정에서 그 배역의 성격이 드러나게 된다. 성격 탐구 이후 성격 부여가 가능해지는 것이고, 성격 구축이라 함은 성격 탐구를 통해 얻어진 것들을 부여하면서 구축의 단계로 나아가게 되는 것이다. 그런 결과로 성격 창조가 되는 것이다.

이미 '제1장 준비' 단계에서 충분히 설명한 바대로 상대역이 자기 배역에 대해서 하는 말들에 표면적으로 드러나는 일차적인 답이 있다. 이렇게 바꾸어 말할 수 있을까? 하이데거의 명제 "언어는 존재의 집이다"를 '대사는 성격의 집이다'라고. 나는 그 사실을 희곡에서 찾아 증명해보이겠다. 아르까지나의 예다.

연출가의 질문: 아르까지나 그녀는 누구인가?

대답 혹은 해결: 전형적인 해석 중의 하나는 그녀를 '대단히 속물스러운

여자. 그러나 사람을 끌어당기는 엄청난 매력을 가지고 있는 팜므 파탈적인 여자'로 보는 것이다. 이 해석은 체홉을 아는 사람들에게는 널리 알려진, 지극히 대표적인 정석 같은 해석이다. 그래서 대부분 아르까지나를 연기하는 배우들은 기본적으로 '속물인데, 팜므 파탈적'인 연기를 하려고 한다. 그러나 아르까지나 배역을 연기하는 배우는 연기하기 전에 그 해석이 '어디에서' 나왔는가를 반드시 확인해야 한다. 아르까지나가 속물이란 근거는 우선 아들 꼬스챠의 대사에서 찾을 수 있다.

> **꼬스챠** 엄마는 화려한 생활을 즐기고 싶고, 사랑도 하고 싶고, 18살처럼 입고 다니고 싶은데 … 제가 있는 거죠. 25살 먹은 아들이. 자기가 젊지 않다는 걸 자꾸 상기시키는 거예요. 제가 없으면 32살일 수 있는데, 제가 옆에 나타나면 43살이 되거든요. (중략) 엄마를 사랑해요. 근데 엄마를 보세요! 담배 피우고, 술 마시고, 그 작가를 옆에 끼고 과시하고 다니면서 신문에 이름이나 오르내리게 하고.

그야말로 '속물'이다. 아르까지나가 '팜므 파탈'의 치명적인 매력을 갖고 있음은 뜨리고린은 물론 '도른'의 태도에서도 확인된다. 정확하게 짚어내는 대사는 도른하고 나누는 뽈리나의 대사다.

> **뽈리나** 이리나와 얘기하는데 정신이 팔려서 추운 것도 잊으셨더라고요. 그분 좋아하시죠? 맞죠? 인정하세요.
>
> **도른** 내 나이가 쉰다섯이에요!

뿔리나 그건 상관없죠. 남자 나이 그 정도면 많은 게 아니라고요. 게다가 관리
도 잘하고 계시구요. 그래서 아직도 여자들한테 인기가 좋으시잖아요.

도른 내가 뭘 어떻게 해주길 바라나요?

뿔리나 남자들은 여배우라면 꼼짝을 못하죠. 남자들은 다 그래요.

오랜 시간 도른이 아르까지나를 잊지 못하고, 또 여전히 그녀에 대해서
절대적인 숭배를 하는 데는 이유가 있다. 또 나이가 여섯은 족히 어린 연하
의 작가 뜨리고린이 아르까지나로부터 헤어 나오지 못하는 데도 역시 이유
가 있다. 아르까지나의 성격을 제대로 부여하려면, 특히 배우 자신의 진성
(천연의 목소리)과 가성을 적절하게 쓸 줄 알아야 한다. 본능(진심)에서 나오는
대사 혹은 소리는 진성을 써야 할 것이고, 여배우적인 것을 드러내는 대사
는 가성을 써야 할 것이다. 제대로만 하면 아르까지나의 성격은 기막히게
명료해질 것이다. 기억하자. 대사는 행동이고 행동은 성격을 드러낸다. 고
로 대사는 성격의 집이다.

2. 성격 부여

흔히들 성격 창조라는 말을 한다. 하지만 연출가로서 나는 성격 창조라는 표현을 쓰는 것이 늘 조심스럽다. 배역의 성격은 작가에 의해 이미 창조되어 있기 때문이다. 배우는 작가가 창조한 성격을 자기 배역에 부여하는 방법들을 찾아야 한다. 배우가 자기 배역에 성격을 부여하기 위해서 무엇을, 어떻게 해야 하는가? 이 물음에 답을 하려면 일반적으로 우리가 사람의 성격을 파악하기 위해 어떻게 하는가? 그 물음을 먼저 해결해야 한다. 이 물음에 대한 대답은 비교적 간단명료하다. 우리가 한 사람의 성격을 판단할 때의 잣대는 그 사람의 행동이다. 스타니슬랍스키가 시스템의 『성격구축』 이전의 단계인 배우 수업에서 먼저 "작지만 믿어지는 행동"을 찾는 과정을 배치한 것 역시 그러한 맥락이다. 그렇다. 배우가 연기(Play)하기를 위해서, 배역의 성격을 알기 위해서 관심을 기울여야 하는 부분은 바로 배역의 '행동'이다. 왜냐하면 그 사람의 성격은 행동을 낳고, 거꾸로 행동은 성격을 보여준다. 그런데 희곡에는 행동이 없는 것처럼 보인다. 오직 대사뿐이다. 여기서 배우들은 길을 잃는다. 경험한 바에 따르면 배우가 길을 잃는데 '창조'라는 말도 한몫 한다.

하지만 사실은 여기서도 답은 대단히 간단명료하다. 대사가 답이다. 대사가 행동이다. 즉, 대사에 행동이 있다. 배우가 배역의 성격을 알 수 있는 방법은 결국 대사뿐이다. 예를 들어 마샤의 언어는 마샤라는 존재의 '집'인 것이다. 언어심리행동의 관점으로 다시 주인공들의 행동을 찾아보자.

마샤의 성격

연출가의 질문: 마샤는 누구인가? 그녀는 어떤 사람인가?

대답 혹은 해결: 그녀는 대단히 외롭게 자랐다. 엄마 뽈리나의 영향도 크다. 자기 엄마가 외롭게 사는 것을 보고 자랐음은 물론, 그녀 스스로도 외로움을 많이 탄다. 3막 시작에서 마샤가 뜨리고린에게 하는 대사를 통해서 마샤의 심리를 알 수 있고, 자신에게서 도망치는 회피의 성격이 있음을 알 수 있다.

> 마샤 선생님이 작가라서 이렇게 다 말씀드리는 거예요. 어디 사용하셔도 상관없어요. 이건 정말 진심인데, 그 사람이 잘못 됐으면 저도 어떻게 됐을지 몰라요. 하지만 이제 용감해지려고요. 이 사랑을 그만 두기로 결심했어요. 뿌리째 뽑아 버릴 거예요.

위에서 마샤가 말하는 "뿌리째 뽑아 버릴 거예요"라는 대사는 4막에서 '결혼'이라는 '감옥'에 스스로를 가두어버린 더 나쁜 상황에서, 엄마 뽈리나에게 하는 대사로 다시 반복된다.

> 마샤 엄마도 나도 다 바보 같아요. 짝사랑 같은 건 소설 속에서나 그럴싸해 보이는 거예요. 아무 소용없는 짓이에요. 그런 게 싹트면, 바로 없애버리는 게 나아요. 남편이 다른 곳에 전근갈 수도 있다고 했어요. 다른 곳으로 가게 되면, 다 지워버릴 거예요. 뿌리째 뽑아 버릴 거예요.

반복되는 이 대사는 마샤의 심리를 알게 해줄 뿐만 아니라, 그녀의 성격까지 알 수 있게 해준다. 앞에서도 말했던 바, 심리학적으로 해석하면, '회피성' 결혼은 자신을 "타인이라는 감옥에 가두는 것과 같다"고 한다. 결혼이 '외로움과 그리움을 해소하는 근본적인 해결책이 아니다'라는 것이다. 이 지점에서 우리는 마샤가 메드베젠꼬를 대하는 태도를 찾아낼 수가 있다. 마샤가 메드베젠꼬를 '감옥'이라고 생각하면, 어떤 태도가 나올 수 있을까? 마샤 배역의 배우는 그 질문에 대한 답을 찾고 신체화를 통한 성격 부여를 할 수가 있는 것이다.

뽈리나의 성격

연출가의 질문: 뽈리나는 누구인가? 그녀는 어떤 사람인가?

대답 혹은 해결: 그녀는 매우 감성적이다. 정이 많다. 자기감정 표현에 지나치게 솔직하다. 질투도 잘하고, 삐치기도 잘하고, 감탄도 잘하고, 화도 잘 내고, 금방 화내고 금방 또 풀린다. 울기도 잘한다. 아래 예로 든 장면에서도 자기 설움에 복받쳐서 운다. 감정을 그대로 다 표현해 버린다. 도른의 태도에 일희일비(一喜一悲) 한다. 뽈리나의 성격을 그녀의 대사를 통해서 알아낼 수 있다. 일단 3막 아르까지나가 떠날 때 그녀들이 나누는 대사에 가장 명확하게 드러난다.

뽈리나 (작은 바구니를 들고 있다) 가시는 길에 드시라고 자두 좀 준비했어요. 정말 달아요. 가볍게 드실게 필요하실까 봐요.

아르까지나 정말 고마워요. 뽈리나.

뽈리나 안녕히 가세요. 죄송해요. 혹시 언짢으신 점이 있었다면 용서해주세

요.(울기 시작한다)

아르까지나 모든 게 좋았어요. 정말 좋았어요. 자, 자, 울지 마요.

뽈리나 우리들의 시절이 다 끝나가고 있어요!

아르까지나 맞아요. 근데 우리가 뭘 어쩌겠어요?

성격의 일관성, 즉 행동의 일관성(말과 행동과 성격은 일치되어야 한다는 원칙)에 따라서 그녀가 그녀의 다른 대사들을 어떻게 할지가 찾아진다. 그녀의 다른 대사로 확인을 해보자. 2막의 대사다.

뽈리나 (도른을 따라간다) 꽃이 정말 예쁘네요. (집 근처에서 작은 소리로) 이리 주세요! 빨리요. 주세요! (꽃을 잡아서, 뜯고서, 버린다)

이제 뽈리나 배역의 배우는 그녀가 다른 대사를 어떻게 해야 하는지 알게 된다. 충분히 찾아낼 수 있다. 자기감정(질투) 표현에 얼마나 솔직한가! 딸 마샤가 죽자고 좋아하는 꼬스챠가 사랑하는 니나가 고깝고 얄미운데, 신분의 차이 때문에 직접적으로 니나에게 감정을 풀 수는 없으니 꽃에다가 풀어낸다. 지금 뽈리나의 질투심도 함께 담아서, 니나를 잡아서 뜯고서 버린다고 생각하면서 풀어내면 될 것이다.

잊지 말자. 배우는 행동을 찾아서 드러내주는 것을 통해 그 배역의 성격을 보여주어야 한다. 그것이 인물을 창조하는, 즉 연기하는 사람(Actor)이다. 배역의 대사와 상대 배역의 대사는 그들의 행동을 알려준다. 주어진 상황은 배역의 행동을 알려준다. 행동은 성격을 알려준다.

도른의 성격

연출가의 질문: 도른은 누구인가? 그는 어떤 사람인가?

대답 혹은 해결: 의사다. 그는 매우 감성적이다. 삶에 대해 관조적이고, 여행을 즐기며 문학과 음악에 나름대로 조예가 있고, 좋아하고, 시와 노래를 즐긴다. 작가 체홉이 생각하는 이상적인 좋은 관객, 관찰자적 시선, 의사와 청진기. 낭만주의자이며 로맨티스트. 도른의 성격을 규정짓는 이러한 몇 가지 특징으로 우리는 도른의 성격은 물론 연기의 뷰포인트를 살려낼 수가 있다. 1막 마지막 장면에서 도른이 마샤의 얘기를 들어주기 직전의 대사를 보라.

> 도른 (담배 박스를 뺏은 다음 덤불에 던져버린다) 정말 안 좋은 습관! (사이) 누가 피아노를 치네. 이제 가봐야 될 것 같은데.
>
> 마샤 잠시만요.
>
> 도른 왜?
>
> 마샤 얘기 나누고 싶어요… 얘기할 사람이 필요해요. (흥분해서)

앞에서 나는 배우는 행동을 찾아서 드러내주는 것을 통해 그 배역의 성격을 보여주어야 한다고 했다. 도른이 '문학과 음악을 좋아하는' 성격 부여가 이루어진 상태이므로, 도른의 성격을 드러내주는 행동을 찾을 수가 있다. 도른이 지금 아르까지나가 연주를 한다고 생각한다고 상상해 보자. 아르까지나를 향한 마음과 마샤의 얘기를 들어줘야 한다는 생각의 충돌을, 그 심리적 갈등을 도른의 행동으로 보일 수 있다. 아르까지나의 연주를 들으러 가고 싶지만, 마샤의 얘기도 들어주어야 한다. 잠깐의 갈등을 살짝 로맨틱하게 행동으로 표현해 보라.

꼬스챠의 성격

연출가의 질문: 꼬스챠는 누구인가? 그는 어떤 사람인가?

대답 혹은 해결: 꼬스챠는 부모 모두가 배우였고, 그러나 아들의 삶의 모델이 되어야 하는 아버지가 일찍부터 부재했고, 어머니가 아닌 유모의 손에서 자랐다. 그런 이유로 애정결핍이고, 덜 자란 어린애 같은 점이 있으며, 엄마에게는 대단히 공격적이다. 부모의 재능을 이어받아 형식에 있어서 시대를 앞서가는 천재적인 재능을 가졌고, 대단히 예민하고, 유리 같은 영혼을 가졌다. 꼬스챠는 그를 이해하지 못하는 사람들(부모부터 시작해서 주변사람들까지 모두)로부터 몰아 부침과 닦달을 당해서 결국 '스스로 목숨을 끊는' 파국에 이른다. 2막에서 꼬스챠는 갈매기를 쏘아죽이고 나나에게 머지않아 자신도 그렇게 하고 말 것이라는 경고를 한다. 그리고 꼬스챠가 쏘아죽인 갈매기는 뜨리고린의 요청으로 샤므라예프에 의해서 박제 당했다. 그것은 가까운 미래(4막)에 그렇게 될 것이라는 암시다. '박제된 갈매기'는 꼬스챠 자신이다. 그는 박제된 천재다. 내가 천재 작가 이상을 떠올리는 이유다. 여기서 니나와의 대비가 드러난다. 4막에서 꼬스챠를 만난 니나는 뜨리고린이 말했던 것을 기억하고, 자신을 갈매기라고 했다가 다시 갈매기가 아니라 여배우라고 했다. 그리고 니나는 생각을 거듭해서 꼬스챠도 아니고 뜨리고린도 아닌 자신을 선택한다. 날아오를 용기를 갖고, 자신의 삶을 가치 있게 살아내기 위한 비상을 준비한다.

꼬스챠 역의 배우는 꼬스챠라는 인물을 이해하고 그의 영혼에 공감을 해야 한다. 그랬을 때 많은 행동들을 찾을 수 있을 것이다.

아르까지나의 성격

연출가의 질문: 그녀는 누구이고, 또 어떤 사람인가?

대답 혹은 해결: 그녀는 여배우다. 그리고 아들을 아버지 없이, 보모에게 맡겨서 키운 한 아이의 엄마다. 자신이 키우지 않고, 남에게 맡겨서 키웠다는 것은 곧 모성의 결핍을 예상하게 해준다. 연하의 매력적인 작가가 그녀의 애인이다. 그녀는 매우 본능적이며 열정적이고, 불처럼 타올랐다가 사르르 식는 그런 '냄비에서 끓는 물 같은 성격'을 갖고 있다. 그래서 감성적이다. 열정적이라는 표현도 가능하겠다. 그러면서 '자기 긍정'에는 대단히 단호한 성격이다. 특히 자신에 대한 명성과 평판에 가차 없이 단호하게 '자기 긍정'적인 여자. 아들도 용서가 안 될 정도로 '자기중심'적이다. 집사인 샤므라예프가 자기가 아닌 다른 배우에 대해서 얘기하는 것조차 화를 내고 불쾌해 한다. 모두가 오직 자기 명성과 평판에 대해서만 얘기해야 한다. 앞에서도 말했듯이 그녀의 성격을 규정짓는 대표적인 해석이 '속물, 저급, 그러나 너무나 매력적인, 남자들의 넋을 빼는 여배우'이다. 러시아 연출가 에프로스는 체홉의 아르까지나를 유럽의 "사라 베르나르 같은 배우다"라고 했다.

아르까지나 배역의 배우는 그녀의 이런 모든 성격이 '대사가 정확하게 행동으로 찾아졌을 때 정리될 수 있다'는 사실을 알아야 한다. 그래서 '이견지견'이 필요하고 '객관적 읽기'가 필요한 것이다. 일차적으로 아르까지나 배역의 성격은 꼬스챠의 대사로부터 잘 파악할 수가 있다. 가장 가까이에서 보았던 아들에 의해서 가장 잘 설명될 수밖에 없을 것이다. 그러한 성격을 증명해 주는 것은 작품 전체에 걸쳐서 드러나는 아르까지나의 행동이다. 즉, 아르까지나의 대사다. 아르까지나의 성격이 세세하게 부여되면 도른의 대사도, 행동도 살릴 수가 있다. 그녀는 넋을 잃을 정도다. 그 말을 뽈리나가 한다.

니나의 성격

연출가의 질문: 그녀는 누구이고, 또 어떤 사람인가?

대답 혹은 해결: 그녀는 19세의 재능 있는, 통속적으로 예술을 사랑하는 여배우 지망생이다. 대단히 엄격한 아버지와 새어머니 밑에서 자랐다. 솔직하고, 용기 있고 의지가 강하다. 체홉의 경험, '베라 페도또바'라는 알렉산드르스키 극장의 배우와 친했던 경험에 대해 아는 것이 도움이 될 것이다. 그렇게 젊고 예쁘고 섬세하고 예민한 기질을 가진, 대단히 현대적인, 연기에 대해 열광적인 젊은 여배우가 마치 자석처럼 거부하기 힘들게 체홉을 '열정적이고 광적으로 흥분하며' 끌어 당겼다. 그녀가 니나의 모델이다. 그러나 체홉 자신은 그러한 사랑을 받아들이지 않는다. 오로지 배우로서만 존중했다. 마치 도른처럼. 그리고 체홉은 그 반대의 여자 올가를 선택했다. 체홉의 말에 따르면, 여자로서도 배우로서도 니나와 아르까지나를 조합한 여자를 발견했다. 체홉의 선택은 옳았다. 올가는 여배우로서도, 삶에서도 체홉의 마지막까지 의리와 사랑으로 끝까지 곁에서 체홉을 내조했다.

샤므라예프의 성격

연출가의 질문: 그는 누구이고, 또 어떤 사람인가?

대답 혹은 해결: 그는 소린에게 고용된 관리인이다. 일중독에 마누라나 딸에게도 폭군이다. 그를 잘 아는 사람은 아마도 그의 부인인 뽈리나와 그의 딸인 마샤일 것이다. 그럼 일단은 두 상대 배역의 대사에서 그의 성격에 대한 정보를 얻을 수 있을 것이다. 딸인 마샤도 그를 싫어하고, 마누라 말에 의하면 천박하기까지 하다.

> **뽈리나** 남편은 외출용 말들도 일하러 내보냈어요. 맨날 저래요. 남편이 나를 얼마나 힘들게 하는지 아세요! 머리가 지끈거려요, 정말로요 — 보세요, 손 떨리는 거요. 그 사람은 정말 천박해요! 더 이상 견딜 수 없어요, 이젠 더 이상 못하겠어요. (간청한다) 예브게니, 내 사랑, 제발요!

아예 외어주자. 등장인물 모두의 성격은 자신은 물론, 다른 등장인물들, 특히 상대 배역들의 대사 속에 있다. 그러니 흘려보내서는 안 되는 것이다. 이제 "언어는 존재의 집이다."라고 했던 하이데거의 명제를 내가 '언어' 대신 '대사'로 대입해서 설명한 것을 완전하게 이해했을 것이라고 믿는다.

앞에서도 말했지만, 성격 탐구에 있어서 중요한 것도 역시 '연기의 역설'로서 접근하는 것, 즉 '이견지견'의 관점이다. 연기를 위한 장치들이 고스란히 성격 탐구 방법이 된다는 것을 이미 알아챘겠지만, 연기의 역설로서 나와 배역을 떼어놓고 생각하는 것이다. 나와 배역의 차이점을 찾아보라. 그런 뒤에 배역의 성격에 맞는, 배역의 성격을 드러내는 신체 언어를 찾아보

라. 배역의 신체 언어를 배우 자신의 신체로 바꾸어내야 한다. 그러자면 나의 외형을 규정짓는 신체 습관을 제거하는 것이다. 그로토프스키의 '부정법'과도 맥락이 통하는 작업이다.

연출가의 질문: 나의 외형을 규정짓는 신체 습관을 제거하는 길을 어디에서 찾을 것인가?

대답 혹은 해결:

1. **'그림을 통한 즉흥'**은 배우 자신의 외형을 규정짓는 신체 습관을 제거하는 데 매우 유용하다.

단 앞에서도 말했듯이 어떤 목적으로 '그림을 통한 즉흥'을 하든, 성격 탐구가 이루어지고 난 뒤에 하는 것이 실제적인 유용성을 높인다는 것을 잊지 말라.

물론 이번 「갈매기」 작업에서도 '그림을 통한 즉흥'을 했고, 내 생각에 '뽈리나와 도른'이 극의 중심이 되는 순간에 가장 유용했다. '뽈리나' 배역에 맞는 '그림' 혹은 '기막힌 연기 사진'을 보여주고, 그림을 그대로 '신체화' 하는 작업을 했고 결국 자기 연기로 발전시켜 나갔다.

2. **'음악(리듬)을 통한 즉흥'** 역시 배우 자신의 외형을 규정짓는 신체 습관을 제거하는 데 매우 유용하다.

물론, 음악의 리듬을 몸에 장착하고 그 리듬으로 배역의 신체 리듬을 찾는 일이기 때문에 성격 탐구가 이루어지고 난 뒤에 성격에 적합한 음악을 신체에 장착했을 때만이, 실제적인 유용성을 높인다. 「갈매기」 팀의 배우들 중에서 음악의 리듬으로 Play가 좋아진 대표적인 배우는 역시 '마샤' 배역의 배우와 꼬스챠 배역의 배우일 것이다. '마샤' 배역을 연기한 배우는 그 배우의 기분과 성격에 맞는 음악을 몸에 장착함으로서 신체 움직임이 정교해졌고, 꼬스챠 배역의 배우는 작품과 배역에 적합한 우리 작품의 OST라고 할 수 있는 음악을 연주함으로서, 꼬스챠 배역에 더 가까이 접근해갈 수 있었다. 문제는 지속이다. 그 배우들이 지속적으로 몸으로 익힌 신체화 기술을 잊지 말고 늘 활용해나가면 좋겠다.

3. '자연에 반응하는 신체적 느낌'을 기억하는 것 역시 배우 자신의 외형을 규정짓는 신체 습관을 제거하는 데 매우 유용하다.

우리가 일상생활에서 계절마다 시간 때마다 변하는 자연에 반응하는 자신의 신체적 느낌을 구체적으로 인지해두는 일이다. 그러자면 깨어 있으려고 노력해야 한다. 그로토프스키가 반복해서 했던 말은 '깨어있으십시오'다.

4. 문장//쪼개기 비기 중 하나인 **'관계 정의'**, 즉 상대 배역과의 관계 정의를 통해서 태도를 달리하는 것 역시 배우 자신의 외형을 규정짓는 신체 습관을 제거하는 데 유용하다.

우리의 삶에서도 나와 상대의 관계에 따라서 태도가 달라진다. 관계 형성에 있어서 지위, 위치 등의 차이가 상대를 대하는 개인의 태도를 바꾼다. 연극에서도 마찬가지다. 상대 배역과의 관계를 정확하게 정의하는 것이 중요한 이유다.

실제로 꼬스챠와 삼촌의 관계 정의를 제대로 함으로서 연기가 어떻게 발전해 가는지, 확인을 하고 넘어가기로 하자. 소린은 꼬스챠 입장에서는 삼촌이지만, 나이 많은 삼촌이다. 더구나 아버지의 부재로 아버지의 사랑을 받지 못하고 자랐다. 그런 꼬스챠가 삼촌을 어떻게 생각하겠는가? 꼬스챠는 '외삼촌의 넥타이를 고쳐주면서' 다음의 꼬스챠 대사를 어떤 태도로 말을 하겠는가?

꼬스챠 외삼촌의 머리와 수염이 다 부스스해요. 이발을 좀 하셔야겠어요.

그리고 관계 정의에 따라 소린 입장에서는 생각해 보면, 4막에서 소린이 왜 그렇게 애타게 꼬스챠를 찾고, 니나가 온 그날 밤에 꼬스챠와 같이 자겠다고 투정 아닌 걱정을 하는 이유를 찾을 수가 있다. 꼬스챠가 질투로 자살 소동을 벌일 만큼 사랑했던 니나가 뜨리고린과 헤어지고 고향으로 돌아와서 배회한다는 소리를 들었는데, 아르까지나는 뜨리고린까지 불러들였다. 소린은 아들처럼 귀하게 여기는 꼬스챠가 또 어떤 상처를 입지나 않을지, 2년 전처럼 무슨 일을 벌일지도 모를 두려움으로 불안하다. 그래서 나는 그 '불안감'을 분위기로 만들어보려고 4막 첫 등장을 소린으로 하고 싶었다. 그러나 끝내 해결되지 않았다. 소린 배역의 배우는 전혀 소린의 불안감을 이해하지 못했다. 결국 4막의 '도입 장면'으로 만들어본 장면을 포기해야 했다. 유감이었다. 체홉 희곡을 살려내는 데 중요한 특징 중 한 가지가 바로 그런 특별한 '분위기'이기 때문이다. 소린 배역을 하게 된다면, 그 점을 이해하고 덤비기를 바란다. 바로 그러한 이유로 미래의 그 배우를 위해서 나는 소린 배역을 포기하지 않는다.

3. 기술의 통합

통합 1: 관계 정의 & 단위 나누기의 통합

단위 나누기의 목적은 프랙털 구조에 근거한 '해체를 통한 통합'이다. 문장//쪼개기 기술과 같은 원리다. 문장//쪼개기 기술을 진화시키는 과정에서 단위 나누기 기술을 흡수+통합한 기술이니, 그 원리가 같을 수밖에 없다.

연출가의 질문: 단위 나누기 기술에 '배우와 함께 하는 보이지 않는 작업'으로 했던 관계 정의 방법을 통합해서 적용하면 어떤 결과가 나오겠는가?

대답 혹은 해결:

1. 먼저 앞에서 관계 정의를 한 것을 확인해라. 소린은 아르까지나의 오빠다. 아르까지나와 17살이나 차이가 난다. 늦둥이 여동생으로, 꼼짝을 못한다. 꼬스챠는 그런 여동생의 아들이다. 마치 손자 같기도 하고 아들 같기도 할 것이다. 귀엽고, 연민에 가득차서 대할 것이란 짐작이 간다. 이러한 관계 정의를 정확하게 했을 때, 장면이 보다 명확해지고, 그 관계에 따라서 '기-승-전-결'로 연기 단위를 나누었을 때, 배우들의 연기가 그대로 연기의 뷰포인트가 될 수 있는 장면이 있다. 1막에서 꼬스챠가 아르까지나의 야유로 극중극을 중단하고 분노를 억누르며 퇴장한 바로 직후에 일어나는 일이다.

아르까지나 쟤 왜 저러는 거니?

소린 이리나, 젊은 애한테 그렇게 말하면 어떻게 하니! 자존심 상하게 만들었
　　잖아.

아르까지나 내가 뭘 어쨌는데요?

소린 니가 너무 했어!

아르까지나 자기가 이 작품이 장난인 것처럼 얘기 하길래, 거기에 맞게 대해준
　　거예요. 장난처럼 대하듯이요!

소린 그래도…

아르까지나 그럼 대단한 작품이라도 쓴 걸로 판명된 건가요! 그래요? 이따위
　　것을 준비해서, 유황냄새나 풍기고, 이건 장난이 아니라 나를 공격한 거
　　라고요! 우리한테 어떻게 써야 되고, 어떻게 연기해야 되는지를 가르쳐
　　주고 싶었던 거라고요! 정말 지긋지긋해! 항상 이렇게 날 공격하고, 비
　　난하고. 천박하기는… 오빠 어떻든, 난 정말 진절머리가 나요! 이기적이
　　고 버르장머리 없는 어린애라니까!

소린 그냥 너를 기쁘게 해주고 싶었던 거야.

먼저 소린의 대사만 '기-승-전-결'로 나누어보라.

소린 이리나, 젊은 애한테 그리 말하면 어떻게 하니! 자존심 상하게 만들었잖
　　아. /**기**/

아르까지나 내가 뭘 어쨌는데요?

소린 니가 너무 했어! /**승**/

아르까지나 자기가 이 작품이 장난인 것처럼 얘기 하길래, 거기에 맞게 대해준

거예요. 장난처럼 대하듯이요!

소린 그래도… /전/

아르까지나 그럼 대단한 작품이라도 쓴 걸로 판명 된 건가 요! 그래요? 이따위
　　　것을 준비해서, 유황냄새나 풍기고, 이건 장난이 아니라 나를 공격한 거
　　　라고요! 우리한테 어떻게 써야 되고 어떻게 연기해야 되는지를 가르쳐
　　　주고 싶었던 거라고요! 정말 지긋지긋해! 항상 이렇게 날 공격하고, 비
　　　난하고. 천박하기는… 오빠 어떻든, 난 정말 진절머리가 나요! 이기적이
　　　고 버르장머리 없는 어린애라니까!

소린 그냥 너를 기쁘게 해주고 싶었던 거야. /결/

/기/에 해당되는 첫 번째 대사를 보라.

소린 이리나, 젊은 애한테 그렇게 말하면 어떻게 하니! 자존심 상하게 만들었
　　　잖아. /기/

　　　삼촌으로서 소린은 꼬스챠를 아끼기 때문에 처음에는 자신도 모르게, 진
심으로 두둔해주게 된다. 오직 꼬스챠만을 생각했을 것이다. 그러니 좀 흥
분도 했을 것이다. 아르까지나를 나무라는 격앙된 소리가 나왔을 것이다.
그러나 그 다음 아르까지나가 대들자, 17살 차이가 나는 누이에게 꼼짝 못
하는 오빠는 수그러들 수밖에 없다. 조금 물러나게 될 것이다.

　　　소린 니가 너무 했어! /승/

오빠의 지청구로 아르까지나 목소리는 더 커진다. 그러면 소린은 다시 좀 더 죽어들 수밖에 없다. 소리는 더 작아지고 몸도 더 움찔하게 될 것이다.

소린 그래도… /**전**/

그리고 아르까지나가 더 기세등등해지자 마지막으로 이쪽저쪽 둘 다 편 들어주면서 아르까지나의 화를 누그러뜨리려고 하게 된다.

소린 그냥 너를 기쁘게 해주고 싶었던 거야. /**결**/

소린의 '기-승-전-결'은 하강의 곡선일 것이다. 반대로 아르까지나의 입 장으로 단위를 나누고 '기-승-전-결'로 감정을 이어주면, 아르까지나의 감 정의 '기-승-전-결'의 상승 곡선이 더 가파르게 올라간다. 더 기세 등등 세 게 치고 나온다. 오빠와는 완전히 다른, 대조적인 '기-승-전-결'이다. 어떤 가? 연기 행동이 명확해지지 않겠는가? 실제로 배우의 연기는 단번에 달라 졌었다. 이것이 관계 정의를 정확하게 했을 때 배우가 얻게 되는 결과다. 그 런데 안한다. 그건 뭐 각자의 선택이겠지만 하고 안하고의 차이는 반드시 난다. 그것도 아주 크게.

2. 좀 더 구체적으로 정교하게 장면의 단위 나누기 기술을 상대 배역의 대사에 맞춰서 연기 'Reacting'을 디자인 하는데 적용할 수도 있다. 2막에 서 마샤와 니나가 짧게 대화를 나누는 한 장면을 예로 들어 주겠다.

마샤 좀 우울한 것 같아요. (니나에게 큰 소리로) 혹시, 그 사람이 쓴 것 중에 뭐라
　　도 들려주면 안 될까?

니나 (어깨를 으쓱하며) 왜? 별로 재미없는데!

마샤 (감정을 자제하며) 그 사람이 자기가 쓴 걸 낭송할 때면, 눈에서는 막 빛이
　　나고 얼굴은 창백하지만 정말 진지해지거든. 목소리가 너무 좋아. 근데
　　좀 슬픈 목소리야! 그래서 더 진짜 시인 같아.

　　마샤의 대사를 따라서 이 장면 안에 등장해 있는, 마샤를 짝사랑하는 인
물 메드베젠꼬의 연기 'Reacting'을 디자인한 예를 들어보려고 한다. 다시
말해서 마샤의 말에 반응하는 메드베젠꼬의 감정 변화를 '기-승-전-결'로
디자인 해보는 것이다.

마샤 좀 우울한 것 같아요. (니나에게 큰 소리로) 혹시, 그 사람이 쓴 것 중에 뭐라
　　도 들려주면 안 될까? **/기/**

　　— 메드베젠꼬 배역의 배우는 가상의 대사를 만들 수 있다. (뭐지? 그 사람?
누구? 꼬스챠?)

니나 (어깨를 으쓱하며) 왜? 별로 재미없는데! **/승/**

　　— 메드베젠꼬 배역의 배우는 무슨 일인지 판단하려고 노력해볼 수 있다.

마샤 (감정을 자제하며) 그 사람이 자기가 쓴 걸 낭송할 때면, 눈에서는 막 빛이 나고, 얼굴은 창백하지만 정말 진지해지거든. /전/

— 메드베젠꼬 배역의 배우는 (마샤가 정말? 꼬스챠를 사랑하는 건가?) 그런 가상의 대사를 만들 수 있다. 표정은 점점 심각해질 것이다.

마샤 목소리가 너무 좋아. 근데 좀 슬픈 목소리야! 그래서 더 진짜 시인 같아. /결/

절망스럽고, 원망스러운 표정이 될 수도 있다. 배우가 어떻게 감정을 발전시켜 가느냐에 달려있다. Play is Play. 연기를 Play의 관점으로 접근해가면, 배우는 자신의 대사가 없는 상황에서도 Play를 할 수가 있는 것이다.

통합 2: 문장//쪼개기 기술 & 언어의 뉘앙스

언어의 뉘앙스는 행동의 스코어와는 다르다. 우리말-한글 세계로 더 깊숙이 들여놓아야 알게 되는 아주 세밀하고 정교한 말 자체의 스코어라고 할 수 있다. 관객들의 감수성을 자극할 수 있는 단어들, 살아있는 자연을 드러내는 단어들의 뉘앙스가 그중 특히 배우가 살려내야 할 뉘앙스가 된다. 시를 통한 훈련이 가장 좋다. 언어 감각을 민감하게 함으로써 말 자체를 '실재'하게 하는 능력이 커진다. 뇌신경과학의 발견으로 밝혀진 '민감화' 과정은 기억과 관련된 시냅스 말단의 개수를 두 배 이상 증가시킨다. 언어 뉘앙스를 포착해내는 감각을 높이는 민감화 훈련으로 시만큼 좋은 대상은 없다.

말의 뉘앙스를 살려냈을 때 배우가 얻게 되는 것이 바로 많은 배우들이 그토록 원하는 '진정성'이다. 대사에 진정성 이 담기는 것이다. 예를 들어 4막 꼬스챠가 니나의 삶에 대해 말할 때 "애기가 있었구요. 애기가 죽었어요"라는 대사가 언어의 뉘앙스로 'Play' 진정성을 드러낼 수가 있는 대사다. 애기는 특별한 생명이지 않은가. '순간에서 순간으로' 흐르는 연기, 특히 연기의 뷰포인트를 만들어내는 비기다. 재능 없는 일반적인 배우들은 그 시간이 지나면 아무 것도 할 수 없는데, target으로 '구두' 탓을 하느라고 그 비기를 스스로 활용할 기회를 놓친다.

아이가 자랄 때, 신체적인 발달 이후에 '말'이 완성되어가듯이, 배우가 연기를 해가는 연습 과정에서도 말이 가장 늦게 완성된다. 하이데거의 명제에 따르면, 대사를 정복한다는 것은 결국 '존재하게 한다'는 의미이다. 언어의 뉘앙스까지 해결되면 거의 '초감각적 읽기'를 하게 되었다는 의미다. 우리말 단어에는 말의 뉘앙스가 '음영'처럼 말 속에 들어있다. 그 말의 '뉘앙스'를 느낄 수 있어야 말 자체를 '실재'하게 할 수 있게 되는 것이다. 물론 그 말의 의미는 말에 '리얼리티'가 생긴다는 것이다.

통합 3: 언어의 뉘앙스 & 초감각적으로 듣기

감각 전체를 동원해서, 육감으로 읽는 것이다. 그래서 한글 자음과 모음의 본질을 아는 것이 중요하다. 배우는 배역의 말이 상대 배역에게 '들리도록' 말해주어야 되기 때문이다. 청각을 뺀 감각 넷에 피부 감각, 뇌신경과학적으로 말하면 세포지능으로 통합해서 읽는 일이다. 뇌신경과학에 따르면, 듣기 감각은 어머니 뱃속에서 완벽하게 완성되어 나온다고 한다. 그래서 그냥 노력하지 않아도 작동하니까, 나머지 네 감각들을 세포지능으로 통합해서 읽는 일이라고 할 수 있을 것이다.

감각 전체를 동원해서 초감각적으로 희곡 대사를 읽는 법을 터득하라고 했다. 기본적으로 한글 창제의 원칙들과 우리말 한글의 자음과 모음의 비밀을 체득해야 가능해지는 일이다. 세포지능으로 통합해서 읽는 데 있어서 가장 중요한 것이 '호흡'이다. 연습 첫날에 훈련했던 유기적인 호흡과, 몸숨 훈련으로 호흡 근육을 키우는 훈련을 했다. 시작할 수 있는 기술의 기본 원칙은 내 책『문장//쪼개기』의 기술들에 담겨있다. 그 책에는 크게 다섯 단계로 구분되어 있다. 하지만 큰 단계에서 다시 세부적인 단계로 들어가면 100단계 이상은 족히 될 것이다. 그중 한 70단계 위치쯤에 자리매김 할 수 있는 단계가 바로 '초감각적으로 읽기'다. 그 70단계쯤에 이르면, 영화나 드라마 오디션은 거의 '껌'일 수 있을 만큼 대사 처리가 쉬워지는 그런 단계라고 할 수 있다.

제자 중에 8개월 이상, 80여 차례 200시간 가까이 만났을 쯤에 비로소 알아챈 배우가 있는데, 스스로 혼자서 체득하기까지 훈련하려면 한 10년쯤 시간이 걸릴 것이다. 그 제자가 나에게 준 별명 하나가 '기술의 끝판 왕'인데, 거의 20년 넘게 한글 화술을 탐구하면서 연마된 기술이다.

내가 20여 년 시를 주무르는 작업을 통해, 주구장창 한글과 놀아서 써놓은 우리말-한글 화술 원고가 A4 용지로 천 쪽 가량이다. 그러나 그럼에도 아직 미완성이다. 우리말-한글의 과학적 신비를 풀어내는 일, 내가 연출 작업을 하지 않으면서도 한국에서 잘 놀 수가 있었던 이유이기도 하다. 언젠가 내가 찾은 비밀들이 세상에 드러나게 되는 날 모두가 알게 되겠지만, 내가 한글 창제 원칙으로부터 우리말 화술의 비기를 찾아내고 '기술의 끝판 왕'이 될 수 있었던 것은, 모두 '갓 세종'과 시간의 선물이다.

연출가의 질문: 희곡 뒷이야기를 상상해보라. 자기 배역의 뒷이야기를 상 상하면 어떻게 될 것 같은가?

대답 혹은 해결: 내가 니나 배역의 뒷이야기를 상상한다면, 나는 니나가 꼬스챠가 했던 말 그대로 될 것임을 믿어 의심치 않는다.

> 니나 아, 맞다 연극에 관한 얘기를 하고 있었지… 이제는 괜찮아졌어. 지금은 진짜 배우가 됐어. 연기하는 게 너무 좋고, 내가 멋있다고 생각해. 나는 무대에 사로 잡혔어 무대에 서면, 나는 너무 아름다워. 며칠 사이에, 여기 돌아온 다음에, 몇 시간이고 걸어 다녔어. 생각하고 또 생각했어. 그리고 하루하루 내 영혼이 더 강해지고 있다고 느꼈어. 이제 알게 됐어. 꼬스챠, 이해할 수 있게 됐어. 마침내 우리가 하는 일들 — 연기하는 일, 글을 쓰 는 일, 다 똑같아. — 중요한 건 유명해지는 것도 아니고, 박수 받는 것도 아니야. 그건 내가 꿈꾸던 게 아니었어. 무엇보다도 가장 중요한 건 계속 하는 거야. 무슨 일이 일어나도 계속 믿어야 돼. 나는 믿어, 그리고 그게 힘이 돼. 이제 내가 가야 되는 길을 생각하면, 어떤 것도 두렵지 않아.

니나 배역의 대사다. 미래의 니나는 그렇게 온몸으로 배우의 삶을 살 것 이다. 자기 자신이 되기까지 니나는 파란만장한 시간을 겪어야 했다. 그러 나 자기 자신으로 사는 일은 더 혹독하다. 니나는 그 길을 가겠노라고 선언

하는 것이다. 니나 역을 하고도 배우가 인생의 변화를 만들어내지 못한다면 배역을 연기한 의미가 없는 것이다. 안된 일이다. 러시아의 여배우들에게도 젊었을 때, 니나 배역은 반드시 하고 싶은 역이다. 그리고 정말 운 좋게도 니나 배역을 하고 나면 그 여배우는 정말 거의 대부분 '니나가 원했던' 그런 당당한 배우의 삶을 살게 된다. 내가 러시아에서 한 학기를 배웠던 그 여배우, 체홉을 '배우로서' 읽어준 그 선생님이 그랬다. 여배우로서 당당했다. 그녀는 언제나 '니나'였다. 니나 배역을 연기했던 대부분의 그녀들은 결국 나이 들면서 「갈매기」에 등장하는 여자 배역은 물론 체홉 작품에 등장하는 여자 배역들을 거의 거쳐 가면서 여배우로서, 언제나 니나로서 당당하게 늙어간다. 니나 역을 하고 아무렇게나 연기하는 배우는 될 수가 없다. 니나 배역은 바로 그런 것이다. 아니, 아니다. 「갈매기」에 등장하는 모든 배역은 주인공이며, 배우에게 안톤 체홉의 「갈매기」에 주인공으로 등장한다는 것이 바로 그런 의미이며 가치인 것이다.

남은 이야기: 「갈매기」 연습 과정에서 함께 한 배우들에게 적용한 연기 기술은 여기까지다. 다음 단계로 '압축' 과정에서 '배우와의 보이지 않는 작업' 초기 단계에서부터 말했던 연기의 뷰포인트를 드러내는 작업을 하려고 했지만, 공연 6일 전 배우들이 연출가의 부재 중 'go fast'로 '런'을 돌리는 불상사가 벌어졌다. 6일 만에 모든 움직임의 흐름을 다시 구축했어야만 했기 때문에, 연기의 뷰포인트를 잡는 지점에는 들어서지도 못했다.

go fast로 런을 돌렸을 때 꼭 했어야할 말인데 못한 얘기를 부연해야겠다. go fast를 하면서 배우들이 너무나 신났던 것을 지켜본 제작 피디 얘기도 들었고, 이미 배우들이 저지른, 연출의 영역을 '농단'해버린 일로 배우들과 대화하는 것이 불가능했기 때문에 제대로 설명하지 못했다. 하지만 너무 중요해서, 미래의 배우들을 위해서 말하지 않을 수가 없다. 왜? 무엇이 그렇게 유용해서 배우들이 그렇게 go fast라는 작업을 좋아하는지는 모르겠지만, 나와 같은 방식으로 연출 작업을 하는 연출가는 go fast를 너무나 싫어한다. 그 이유는 그동안 쌓아온 모든 것이 무너지기 때문이다. 특히 내가 '1초의 연기'라고 표현하는 /사이/의 연기가 모두 뒤죽박죽되거나 사라져버린다. 그렇지 않겠는가? 생각을 해보라! 내 말이 또 '마이동풍'으로 귓가에 스치고 지나갈 것 같으니 데클란 도넬란의 얘기를 인용해야겠다. 그도 나처럼, 조금 다른 이유로 go fast를 반대하는 연출가다.

"… 그리고 너무 빨리 진행하는 것은 배우를 목표점으로부터 차단하게 된다… 배우가 일반적으로 속도만 내게 된다면 목표점은 불분명해지게 된다. 우리는 속도를 통제하지 않는다. 오직 목표점만이 속도를 통제한다."

데클란 도넬란, 『배우와 목표점』

내가 말한 이유에다가 데클란 도넬란이 말하는 이유를 합친다면, 더더욱 go fast는 우리 작업에서 해서는 안 되었던 쓸데없는 짓이었다. 거기서 우리가 잃어버린 것이 없었을까? 아마 잃어버린 것이 무엇이었는지조차도 배우들은 모를 것이다. 그 배우들은 '무지를 인정하기'라는 절망에 자신을 던진 적이 없으니까. 나는 정말 간절하게 그걸 인정하는, 그런 '예술가, 배우'를 만나보고 싶었다.

만일이라는 가정은 상황이 지난 뒤에는 참으로 쓸데없는 것이겠지만, 그래도 '만일에'라는 가정을 해본다면, 만일에 배우들이 공연 일주일 전에 그런 무지막지한 일을 벌이지 않았다면, 한 사람쯤은 '순간에서 순간으로' 흐르는 연기의 지점에서 자기 배역으로서 즉흥으로 드러나는 그 아찔한 순간, 다시 말해서 '연기의 뷰포인트'를 터득하지 않았을까? 하지만 안타깝게도 만일은 만일로 끝나는 것이므로 다음을 기대해야 할 밖에. 사실 배우의 '보이지 않는 작업'의 토대가 단단히 준비되고, 연습 과정에서 여기까지만 해결되어도 연극 전체의 '앙상블'이 생길 것은 자명한 일이다. 그러나 「갈매기」 공연에 참가한 배우들의 편차가 너무 심해서 '앙상블'까지는 바라기 힘들 것이란 예감을 했다. 배우들이 최우선적으로는 '自己自身'을 위해서, 그리고 궁극적인 연기 목적인 관객을 위해서 연기하지 못하게 된 가장 큰 원인은 연출가와의 '사이'를 만들지 못하고, 몇 사람의 선동에 '부화뇌동'해서 불필요한 '감정소모'를 한 것일 거다.

그리고 배우들은 길을 잃었다. 그러나 분명히 '중립'을 지켜서 자기 자신으로서 배역의 세상으로 들어선 배우가 있었다. 그렇기 때문에, 그들 배우들의 '비겁함'으로 결론지어진다. 연습을 끝내고 공연을 올리는 지금 나는 데클란 도넬란의 말에 십분 공감한다. 그도 그런 배우들을 만났던 것이로구나.

"뭔가 문제가 있다고 느낄 때마다 나타나는 증상은 어느 나라에서든지, 맥락이 뭐가 됐든지 간에 놀라우리만치 비슷하다. 이 상태에서 두 가지 측면이 특히 치명적이다. 첫째는 배우가 지나치게 억지를 쓰고, 쥐어짜며, 막다른 골목으로 연기를 밀어붙이면 붙일수록 마치 얼굴을 유리에다 짓누른 것처럼 형편없이 보인다는 점이다. 두 번째는 그에 따르는 소외감이다. 물론 그 문제점은 외부로 투사될 수 있고, 그렇게 되면 '그것'은 대본이나 상대 배우, 심지어는 구두 '탓(fault)'이 된다. 하지만 이 두 가지 기본적인 증상들인 마비와 소외감, 즉 내적 차단과 외적 차단 상태는 계속된다. 그리고 최악의 경우, 나 홀로 있다는 것에 대한 압도적인 자각, 책임감을 느끼면서도 무력해지고, 무가치하게 느끼면서도 분노하고, 지나치게 작고, 지나치게 크고, 지나치게 소심하고, 지나치게…한 내(me)가 점점 크게 부각된다."

데클란 도넬란, 『배우와 목표점』

결국 내가 '구두'가 된 셈이다. 그런데 문제는 '구두' 탓이 나와는 아무 상관이 없다는 것이다. 그것을 그들이 알아채면 삶이 바뀔 수 있겠지만, 글쎄 뒤늦게라도 '무지를 인정하기(Accepting ignorance)'라는 '절망'에 스스로 던져볼 배우가 있을까? 마이동풍(馬耳東風), 우이독경(牛耳讀經)이지 않을까? 그러나 그들과 상관없이 배우니까 귀를 스쳐가는 그 작은 봄바람 소리를 듣고, 자연이 읽어주는 소리의 의미들을 깨달을 사람이 있을 것이기 때문에, 끝으로 끝내 할 수 없었던 남은 이야기, 연기를 진화시키는 '기술'을 통합하는 방법을 여기 적는다.

「갈매기」 공연이 끝나고 20개월이 지났습니다. 1년 동안 출판사에 교정 중인 채로 잠자고 있던 원고를 받아들고 돌아와서 펼치는 순간, 두고 온 시간 속에 갇혀있던 기억들이 한꺼번에 쏟아지면서 뒤죽박죽 섞입니다. 공연이 끝나고 나는 아무것도 바꿀 수가 없었고, 또 바꿀 수도 없다고 절망했습니다. 내가 나대로 진화해가듯이 세상은 세상대로 바뀌고 진화해가는 것을 새삼 느끼면서 꽤 긴 시간을 살아낸 기분인데, 따져보니 불과 2년도 채 안 된 과거입니다. 시간과 기억의 상관관계는 절대적이지 않습니다.

처음이 좀 힘들었습니다. 심호흡을 하고 천천히 기억의 한 장(場)을 고쳤습니다. 그러고 나니 그냥 거리가 생깁니다. 기록한 내용들에만 집중하게 되는 겁니다. 내용을 따라가다 보니 50대 중반 연출가로서 내 삶의 마지막 불꽃을 피우며 살았던 시간입니다. '지금 이 순간은 나의 삶에 있어서 결정적인 순간이다. 무엇을 할 것이냐?'라는 질문으로 온몸으로 시작(詩作)하면서 시간을 밀어서 /사이/를 만들고 그 사이로 길을 내며 나아갔던 것을 새삼 알게 됐습니다. 「갈매기」는 나에게 시인의 고통까지 감수해야하는 詩作(시작)이었습니다.

역시나 모든 일에는 때가 있습니다. 실패였든 성공이었든 내가 배우들과 함께 쏟은 석 달의 그 경험은 귀한 것입니다. 그 경험을 그저 서랍 속에 넣어버린다면 의미 없이 과거로 밀려나버릴 것입니다. 그러나 한 번 더 기억해서 뇌 주름 갈피에 이렇게 잘 끼워놓으면 그 기억의 기록은 먼 훗날 미래에 누군가의 창조적 삶에 기여하게 됩니다. 많은 배우들과 관객들이 「갈매기」를 좋아합니다. 분명 가깝거나 먼 미래에 「갈매기」는 계속해서 공연될 겁니다. 내 삶에 기여한 많은 책들이 그랬던 것처럼, 이 책도 미래에 올 배우들이 「갈매기」를 준비할 때마다 필요한 그런 기록이 될 겁니다. "기억은 과거의 미래다."라고 했던 폴 발레리의 말은 정답입니다. 참으로 멋진 말입니다. 모든 것이 다 지나갑니다. 지나간 것에 매이면 앞으로 나아갈 수가 없습니다. 내가 그 시간을 떠나온 것처럼 이 책도 나로부터 떠나 미래로 갑니다.

이 책에는 오순택 선생님으로부터 배운 특별한 기술들도 장착되어 있습니다. 내 연기술 탐구의 마지막 단계에서 가늠할 수 없이 큰 도움을 주신 스승입니다. 5년 정도 선생님과 같은 공기를 호흡했고 그보다 조금은 더 긴 시간 오순택 선생님을 추억했습니다. 내 인생의 기억으로 가장 행복한 풍경과 더불어 최고의 시간이었습니다. 그 기억들이 결정적으로 파란만장했던 지난 10년의 순간순간들 길을 잃지 않게 해준 것을 압니다. 그런 의미에서 '기억'은 미래를 향하게 하는 장치라는 말은 옳습니다. 그리고 그 기억들은 끝도 없이 나를 그 먼 미래로 나아가게 합니다. 그들의 생각이 내 생각을 타고 먼 미래에 이 세상을 변화시킬 어떤 초인적인 존재를 향해 갑니다. 선생님과의 기억도 무한한 감사와 함께 미래로 보내겠습니다.

나로서는 큰 뜻을 품고 시작했지만, 「갈매기」를 끝내고도 버리지 못했던 극장에 대한 미련도, 그 극장에서 또 한 시절의 풍경처럼 연습하고 공연했던 기억들도 이 책을 마무리하면서 기꺼이 내가 만난 모든 배우들에게, 그리고 관객들이 보내준 격려의 기억과 함께 고마운 마음으로 미래에 올 배우들에게 보내겠습니다. 미래로 소리 없이 가는 그 기억이 마치 내가 미래에 살고 있다는 착각에 빠지게 합니다. 끝으로 관객들에게 고맙습니다.

오순한 연출가는 마치 고고학자처럼, 백 년이 넘는 안톤 체홉이라는 작가의 유물을 부드럽고 섬세한 붓으로 조심스럽게 쌓인 먼지를 털어내고, 작가가 상상한 원형 그대로 무대 위에 고이 올려놓았다.

연극배우. 신동준

배우들에게 꼭 전해줘요. 삼류 영화감독이 와서 세 번째 각기 다른 「갈매기」를 봤는데, 오순한의 「갈매기」를 보고 왜 안톤 체홉이 대단한 작가인지를 알게 됐고, 작품이 무엇을 말하는지 알게 됐다고.

영화감독. 심광진

배우들 덕분에 지루하지 않게 볼 수 있었고, 오랜만에 배우가 중심인 연극을 볼 수 있었습니다. 연극은 배우의 예술이라죠. 영화와 달리 배우의 모습 그대로를 관객이 만날 수 있기 때문이라고 저는 생각해요. 그 연극의 매력을 느낄 수 있는 공연이었습니다. '배우'가 보여요. 이야기도 보이지만 연기하는 '사람'이 보입니다.

블로거 리뷰. 콩팥콩팥

이 작품은 "원작에 가깝게 연출하기 위해 노력했다"는 연출가 오순한의 언급처럼 무대 구성은 최소화되고 각 인물의 대화에 초점을 맞췄다. "코미디, 세 명의 여자 배역, 여섯 명의 남자 배역, 4막, 풍경(호수를 배경으로 함), 문학에 대한 많은 대화, 움직임이 적음, 다섯 푼짜리 사랑이야기"라고 했던 작가의 의도를 재현하고자 한 것이다. 때문에 관객들은 빈 무대에서 빈 무대에서 횡설수설 이어지는 의미 없는 대화들에 오롯이 집중함으로써 건조하면서도 점착성이 느껴지는 「갈매기」 원작의 분위기를 그대로 느낄 수 있다.

블로거 리뷰. 올댓아트

음향, 효과, 영상, 무대 세트나 장치, 별다른 소품이나 대도구 없이 기본 분장마저 생략되고 제거된 무대. 배우의 눈가 미세한 떨림, 첫 등장 장면의 심장 박동소리, 주고받는 여린 호흡, 어느 것 하나 숨길 수 없는 조그만 소극장. 관객의 뜨거운 시선 앞에 배우 저마다 각자 기댈 것 하나 없이 철저히 연기만으로 채워야 하는 공연. 어쩌면 지독히도 고집스럽고 우직한 작가주의적 연출기법이 인상적인 작품.

깔끔한 엔딩. 참 잘 만들어진 작품. 오떼아뜨르의 작품이라면, 오순한 연출이라면 꼭 봐야겠다. 영원히. 나는 이렇게 저렇게 비평하듯 써놓았지만, 정말 재미있게 봤고 상당한 기량을 가진 배우님들… 아님 연출이 훌륭해서 기량을 뽑아내준 거겠지. 뭐여도 괜찮다. 이 러시아의, 이 사실적인 연극의 맛을 내가 안다는 게 행복한 밤이었다.

관객들이 준 선물 같은 말들이 큰 격려였고 위로가 되었습니다. 누가 뭐래도 내 인생의 봄과 여름은 딱 그랬어야 할 만큼 인간답게 힘들었고, 땀 흘렸고 연극도 인생의 가치를 알만큼은 했습니다. 특히 인간의 의지와 노력으로 충분히 타고난 천재를 따라갈 수 있다는 것을 확인받았습니다. 그것을 확인받은 것만으로도 연극을 했던 내 인생의 2막 30년의 막을 내려도 좋겠다는 생각입니다.

그래서 나는 이제 내 인생의 3막, 가을을 받아들이려고 합니다. 그동안 해왔던 작업을 다듬는 일이니 완전하게 다른 삶이라고 할 수는 없겠지만 분명 마음가짐은 다르게 '평상심'으로 살 생각입니다. 천양희 시인에게서 배운 '실패의 힘'으로, 그러나 내 '오래된 실패의 힘'으로 연극이라는 '아픈 신발로' 걸어온 내 삶이 시가 될 수 있도록 '홀로 우월하게' 지금보다 더 나 대로의 나를 존중하면서 이제야말로 경계인으로서 어느 편에 치우치지 않고, 삼여(三餘)의 시간이 아니라 매시일여(每時日餘, 매일 모든 시간을 여가로 삼아서, 평상심을 갖고 경계인으로 애매하게 늙어갈 것)로 시간을 쓰면서 애매하게 잘 늙어가려고 합니다.

내 나날의 돌림노래입니다. 지금 나는 두 평도 안 되는 집필실(극장을 만드느라 2년째 살면서 「갈매기」를 연출했고, 『배우 수업 오디세이』를 쓰기 위해 세 번째 『배우 수업』 워크숍을 했고, 「동물원 이야기」를 연출했고, 화술 워크숍을 했으며, 『배우 수업 오디세이』를 쓰고 있고, 그 첫 번째로 『배우 수업 오디세이 서—여행의 시작』(2018, 미래_H)을 출간했고, 지금 이 책을 쓰고 있는 고시텔을 나는 그렇게 부릅니다), 바로 그 집필실에서 이 글을 쓰고 있습니다. 책만 쓰는 데는 충분한 공간입니다. 오늘도 건승(健勝)하니, 내일도 어려울 것 같지 않습니다. 아니 가슴이 두근거릴 정도로 기다려집니다. 날마다 오늘처럼 겨울로 깊어갈 것 같습니다.

2018년 가을, 쉐르빌에서

오순한